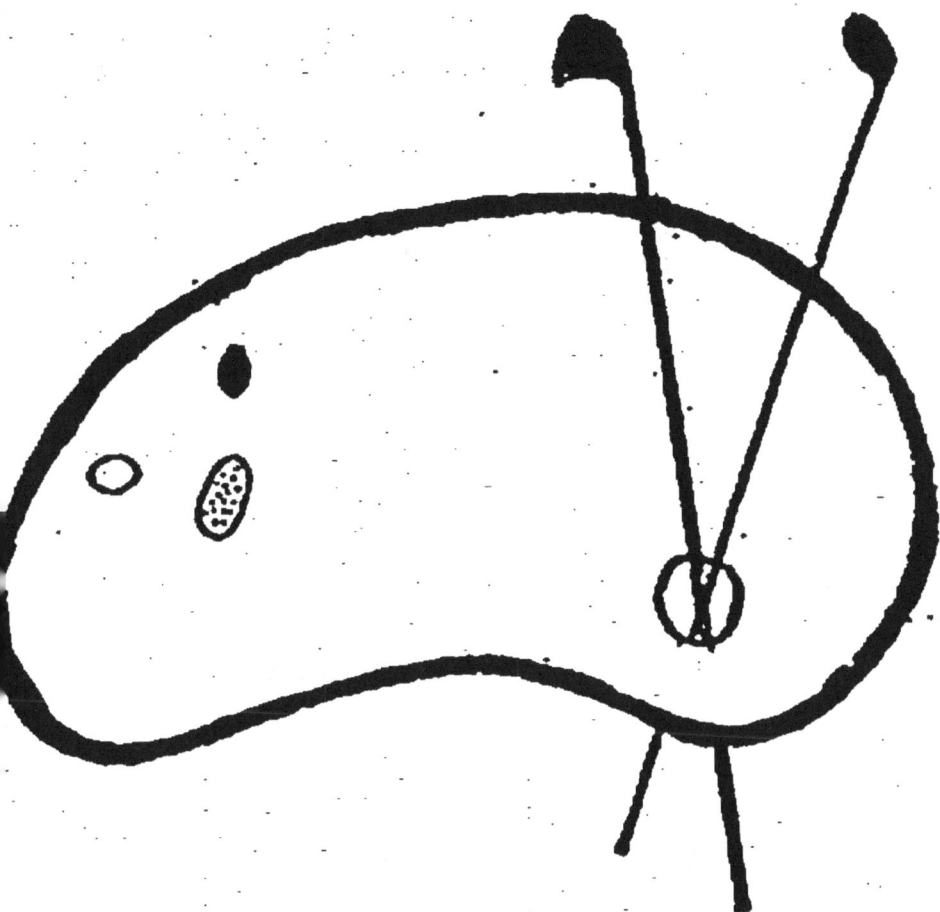

DEBUT D'UNE SERIE DE DOCUMENTS
EN COULEUR

MON SECRET

OU DU

MÉPRIS DU MONDE

CONFESSIONS DE PÉTRARQUE

TRANSLATÉ DU LATIN EN QUASI FRANÇAIS

PAR LE DOCTEUR POMPÉE MABILLE

Conserver la Couverture

ANGERS

IMPRIMERIE P. LACHÈSE ET DOLBEAU

4, RUE CHAUSSÉE SAINT-PIERRE, 4

1886

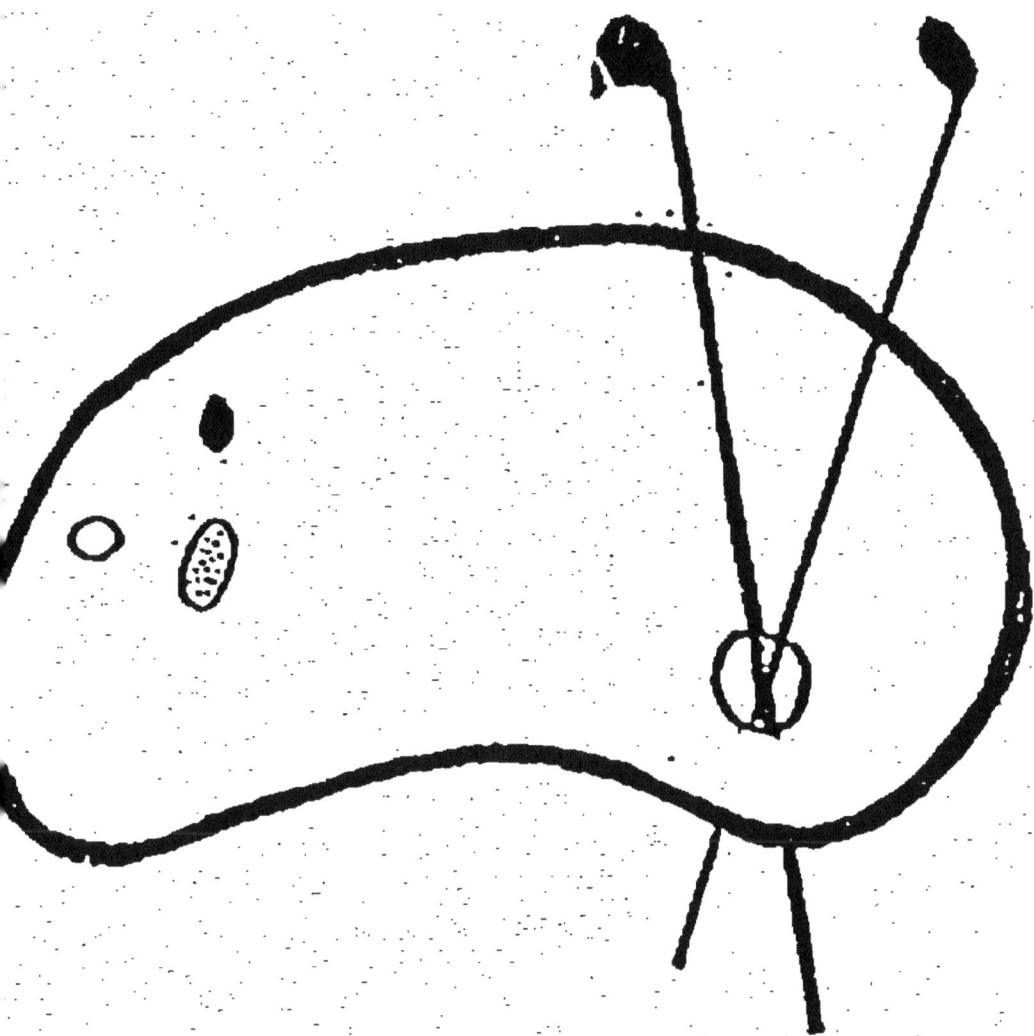

FIN D'UNE SERIE DE DOCUMENTS
EN COULEUR

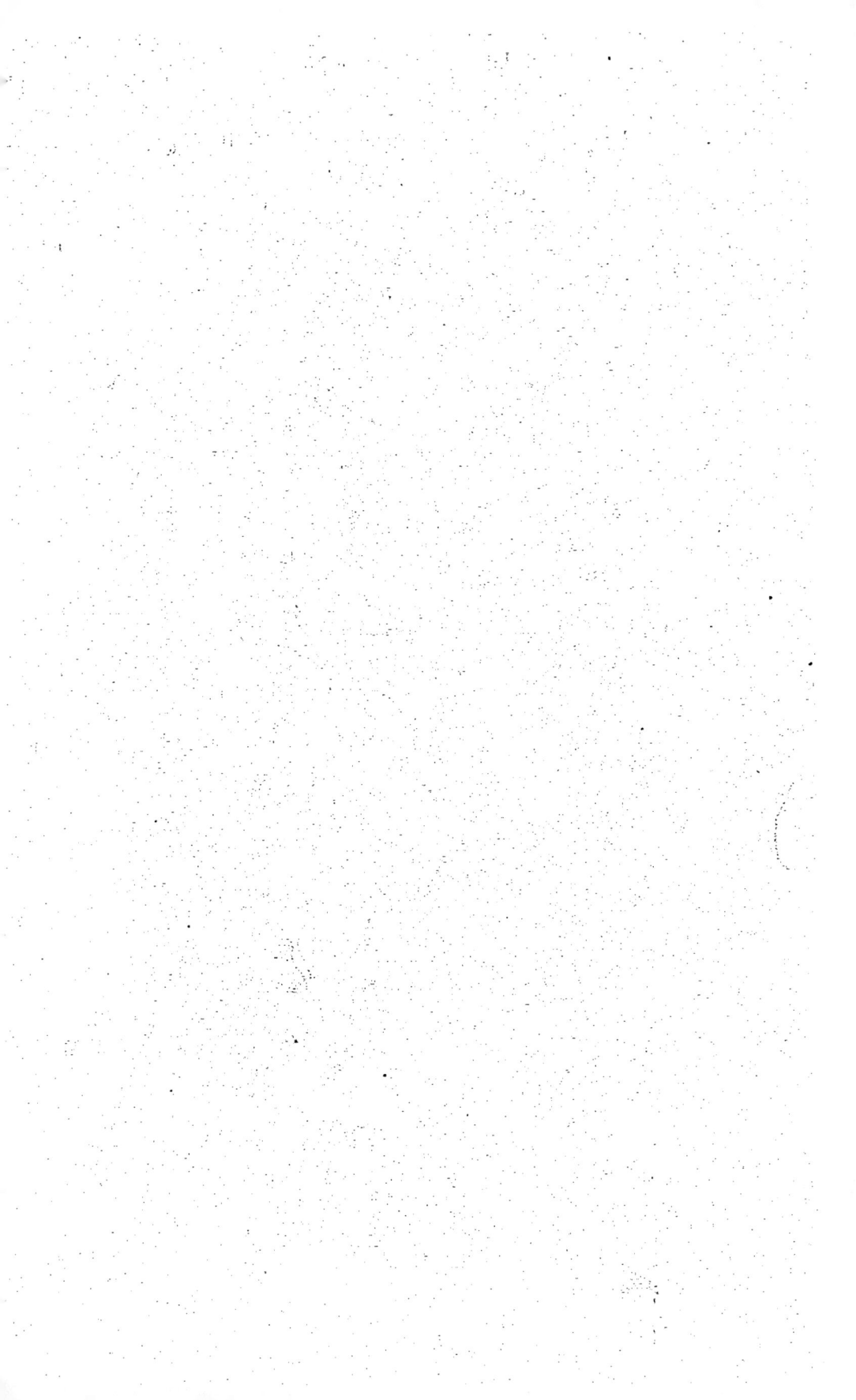

A MA FILLE

Madame BLANCHE BUGUEL

A VANNES

Tu aurais été une nouvelle Laure.
Si tu avais rencontré un nouveau Pétrarque.

Angers, 25 juillet 1886.

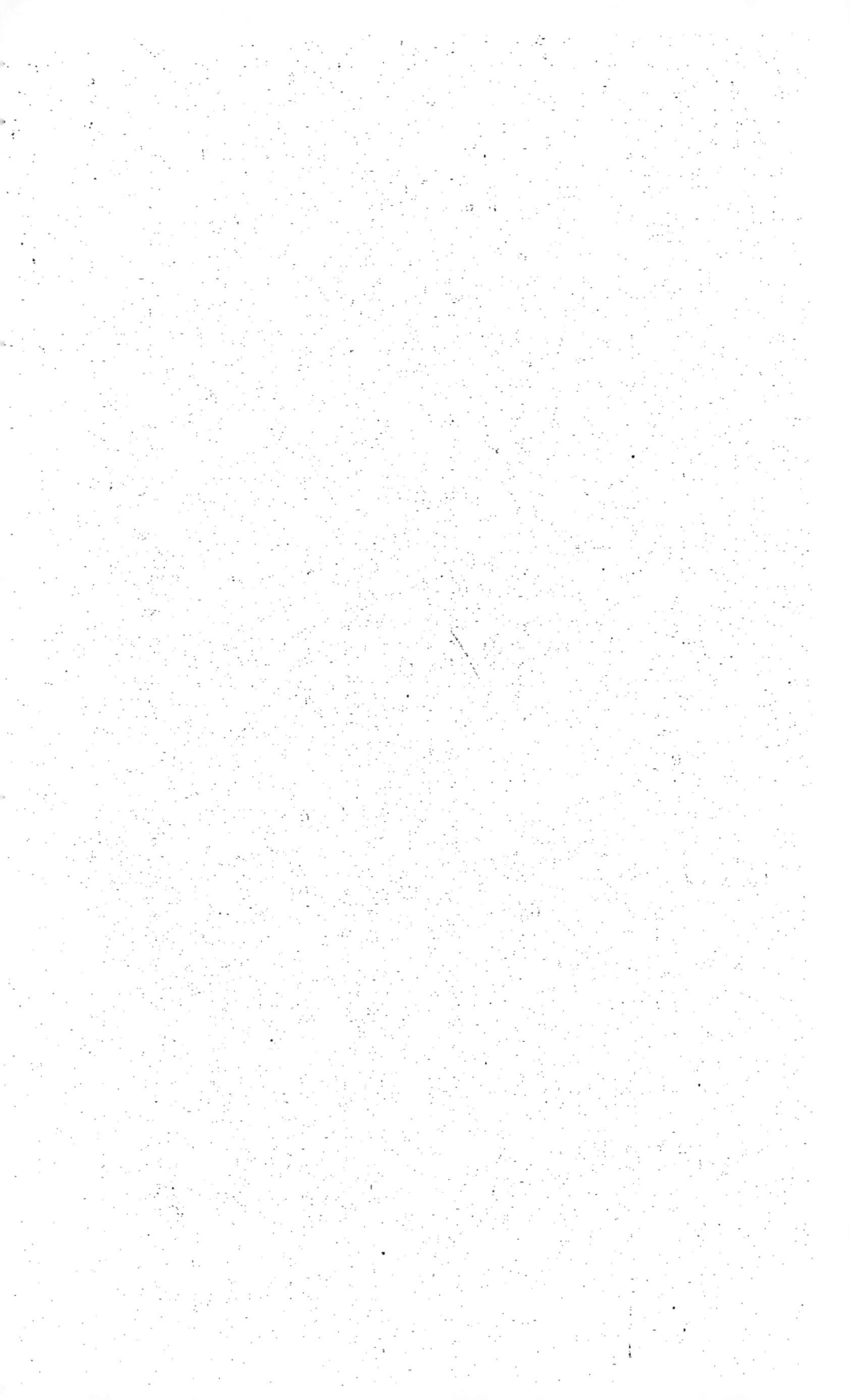

PÉTRARQUE

PHILOSOPHE ET CONFESSIONNISTE

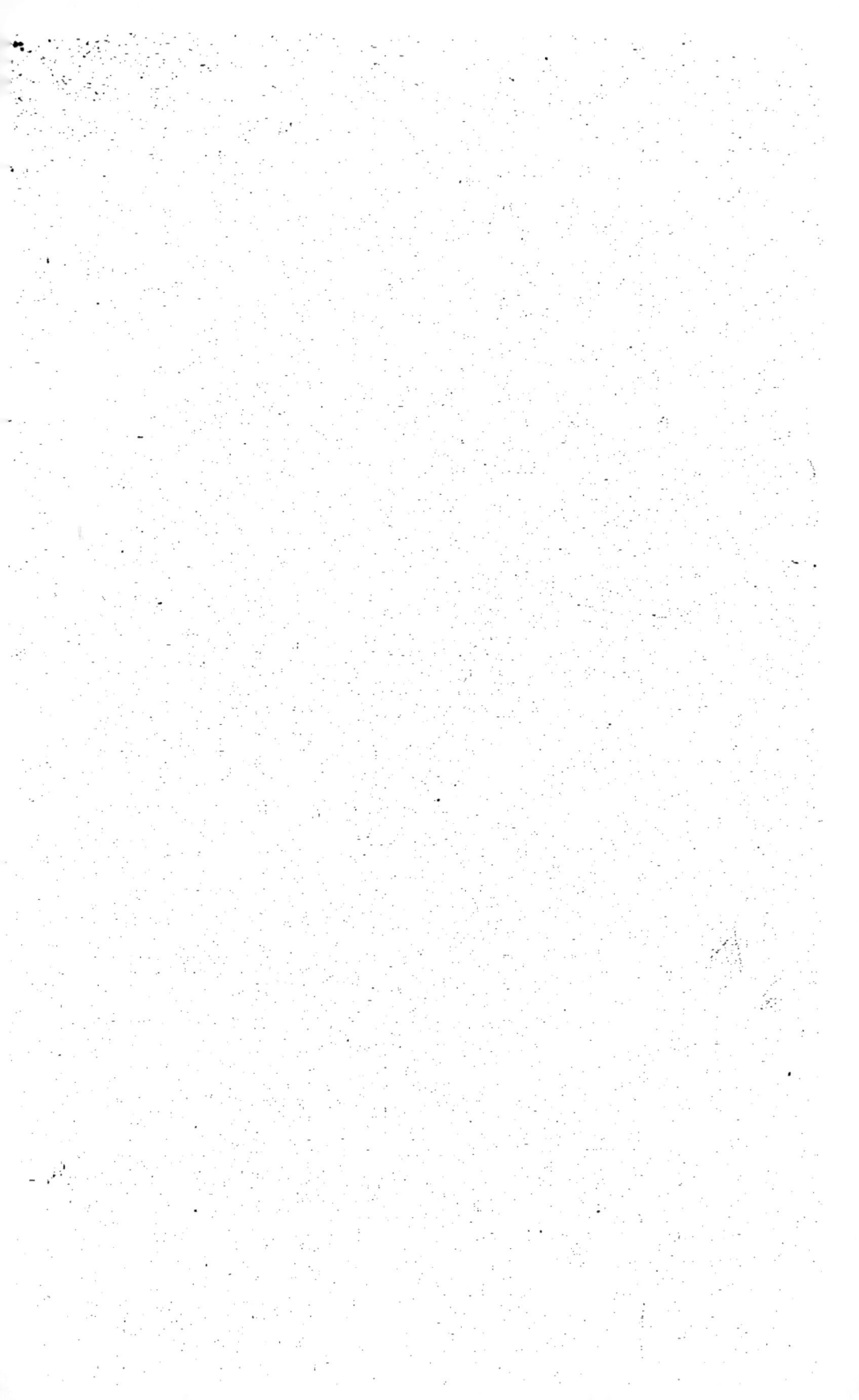

MON SECRET

OU DU

MÉPRIS DU MONDE

CONFESSIONS DE PÉTRARQUE

TRANSLATÉ DU LATIN EN QUASI FRANÇAIS

PAR LE DOCTEUR POMPÉE MABILLE

ANGERS

IMPRIMERIE P. LACHÈSE ET DOLBEAU

4, RUE CHAUSSÉE SAINT-PIERRE, 4

1886

Trop longtemps Pétrarque a été considéré par les gens du monde, seulement comme un poète lyrique dont les élégies, aussi amoureuses que larmoyantes, avaient le don, depuis des siècles, de charmer les amants platoniques ; mais les érudits, les délicats, les *dilettanti* ont reconnu en cet écrivain de génie le restaurateur des belles-lettres, l'initiateur autorisé de la philosophie morale, le dépisteur infatigable des œuvres littéraires de l'antiquité, en même temps qu'il fut l'ami et le conseiller des plus grands personnages de son époque. Son rôle multiple a été mis en pleine lumière par ses nombreux biographes, et ceux qui ont fait de cette généreuse et puissante nature l'objet de leurs études. Parmi eux il faut compter au premier rang, M. Mézières, de l'Académie française, dont le beau travail sur Pétrarque a montré cette grande figure sous son véritable jour. Je me plais ici à lui rendre un public hommage.

De trop nombreux écrivains se sont occupés du poète pour espérer de rien ajouter à sa glorieuse immortalité. Quand un homme, après cinq siècles, reçoit des honneurs pareils à ceux qui furent décernés à Pétrarque, en 1874, à Avignon, il est jugé et classé sans retour : ce n'est plus seulement une commémoration, c'est un culte qu'on lui rend.

Si le *Canzoniere* a eu plus de quatre cents éditions, s'il a été traduit en toutes les langues, si une foule de commentateurs se sont évertués avec plus ou moins de succès, à en faire ressortir les beautés, si enfin les huit cents ouvrages recueillis par le professeur Marsand de Padoue, et possédés par la bibliothèque du Louvre, ont eu surtout pour objectif les poésies du Chantre de Laure, il convient de reconnaître que c'était justice. Tout a été dit sur ce merveilleux et incomparable chef-d'œuvre de la Renaissance italienne, ce qui n'empêchera pas qu'on en parlera encore, et toujours, dans les âges à venir. Monument plus durable que l'airain, puisque le temps n'a servi qu'à en consacrer le mérite et la pérennité.

Mais c'est à un autre point de vue qu'il s'agit d'étudier cet illustre *trécentiste*, qui a joué un si grand rôle pendant la période de rénovation du moyen âge. Je veux parler de ses œuvres philosophiques, de sa doctrine qui le rattache à celle de Platon, plus qu'à celle d'Aristote, régnant en souveraine dans les écoles. La philosophie d'alors consistait en une dialectique diffuse, une métaphysique farcie d'expressions vides de sens, obscurcie par des distinctions subtiles; ce n'était plus une science réelle, sérieuse, mais un jargon incompréhensible, une scholastique barbare. Pétrarque, dans nombre de passages de ses œuvres en prose, s'efforce de battre en brèche cette pseudo-philosophie, qui témoignait de l'aberration de l'esprit humain; il attaquait cette fausse science, tantôt avec l'éloquence d'un vigoureux esprit, tantôt avec l'arme du ridicule, ainsi qu'on peut s'en assurer par sa volumineuse correspondance.

Doué d'un tact exquis, d'un bon sens supérieur à ceux de ses contemporains, il suivit une autre voie. Servi par une mémoire prodigieuse, nourri de la lecture des Anciens, mais surtout instruit par sa connaissance du monde, et mettant à profit ses fructueuses méditations puisées dans sa longue solitude de Vaucluse, il se créa une philosophie éclectique à son usage, une morale pratique qui le guida dans les diverses phases de son existence si bien remplie. Ajoutez à cela l'élément religieux d'un christianisme orthodoxe, et vous aurez une idée sommaire de ce que fut l'esthétique morale de ce laborieux polygraphe. Quoique sa doctrine n'ait pas été réunie en un traité spécial et classique, elle n'en a pas été moins appréciée par des critiques compétents. Le savant Andrès[1] n'hésite pas à le placer sur le même rang que Bacon, Galilée, Descartes, Newton et les philosophes modernes auxquels il a ouvert la vraie science. En s'observant lui-même, il a pu étudier la nature de l'homme, et en ce point il se rapproche de Montaigne, de J.-J. Rousseau, de Zimmermann, qui l'a pris pour modèle. « C'est ainsi, dit un écrivain allemand, « qu'il a pu entrer dans le sanctuaire de la vérité[2]. »

Il est certain, comme on l'a dit, que si Pétrarque n'avait eu à présenter à la postérité que ses œuvres latines, soit en vers, soit en prose, il n'eût pas obtenu cette célébrité que lui ont acquise ses poésies italiennes. Et pourtant, lui-même s'illusionnait étrangement à cet égard. Son principal titre de gloire, croyait-il, était fondé sur ses traités de morale platonicienne, sur ses lettres cicéroniennes, enfin sur toutes ses productions en langue latine.

Quoi qu'il en soit, si le poète élégant, ingénieux, attendri, a fait oublier l'écrivain vigoureux, convaincu et sévère, pour lui comme pour les autres, il n'est pas juste de lui retrancher ce genre de mérite, tout secondaire qu'il paraisse.

Personne, jusqu'à présent, que je sache, ne s'est donné la peine de traiter d'une façon méthodique un pareil sujet. Et cependant il a bien son importance. Il serait bon de savoir quelle était la manière de penser, quelle forme revêtait l'entendement humain, et quels hommes savaient donner à la science reconquise une impulsion nouvelle pendant ce XIVe siècle qui vit naître des chefs-d'œuvre en plus d'un genre. De ceux-là fut des premiers, je pourrais dire le principal initiateur de la philosophie épurée et rajeunie, le tendre poète d'Arezzo, qui sut de bonne heure mêler la grâce à l'austérité, les idées riantes aux plus hautes pensées.

---

[1] Voyez Dell' origine e de' progressi d' ogni Letteratura, t. Ier, cap. XIII.
[2] Voyez Histoire de la Philosophie moderne, depuis la Renaissance des Lettres jusqu'à Kant, par Buhle, vol. IV, cap. III.

Grande serait ma témérité si j'essayais d'analyser, de commenter cette grave question; je n'y suis pas idoine. Je veux seulement, à mon point de vue de translateur révérencieux et fidèle, examiner, chemin faisant, l'application de ces principes dans une œuvre que le Chantre de Laure a traitée avec amour, où il développe avec une sincérité rare ses plus intimes pensées. Je parle de ses *Confessions*.

C'est à l'exemple de saint Augustin, pour lequel il avait toujours professé une admiration sans bornes, qu'il écrivit ce qu'il appelait son *Secretum*, et qui a été imprimé sous le titre : *De Contemptu mundi*. Il donna à cet ouvrage la forme du dialogue, et les interlocuteurs sont saint Augustin et Pétrarque lui-même. « Ce traité, dit Buhle, comprend di- « verses considérations philosophiques sur la fin de l'homme, « et sur les moyens d'y parvenir. » Mais il contient bien autre chose encore.

Le sujet principal de cette thèse, est que pour se mettre à l'abri des misères de la vie, et s'élever au-dessus de la condition humaine, on doit prêter une sérieuse attention à la fin véritable de l'homme, à sa triste situation et à la mort. Il faut donc faire tous ses efforts pour rompre les liens qui vous attachent au monde, et par ce moyen tendre au but, et atteindre la véritable fin proposée à l'homme.

Pétrarque, comme toutes les natures expansives et en même temps timorées, avait senti le besoin de se rendre compte à lui-même de l'état de son âme, de se choisir pour son propre confident, sachant bien que tôt ou tard cette confession si sincère et si humble recevrait l'approbation de la postérité. Ce serait un titre de plus à l'admiration des hommes, si, comme l'évêque d'Hippone, dont le livre des *Confessions* était alors entre toutes les mains pieuses et lettrées, il pouvait espérer voir son nom faire cortège à celui de l'illustre fils de Monique. C'était son ambition mal dissimulée, son arrière-pensée d'écrivain envieux de tous les genres de célébrité. Et puis, ce besoin de s'épandre une fois satisfait, il lui restait l'âpre et douce confidence de sa grande passion pour Laure, dont il ne se repentait pas autant qu'il veut bien le dire, car jusqu'à la fin de sa vie il s'occupa de corriger ses poésies amoureuses pour les amener à ce degré de perfection qu'elles ont acquis. Sous le chrétien plein de foi et de contrition imparfaite apparaît encore le trouvère inspiré, qui ne peut renoncer entièrement à exhaler de près ou de loin ses soupirs à la terre.

Le moment est venu de montrer dans quelle disposition d'esprit et de cœur se trouvait cet incomparable *Confessionniste*, pour juger l'homme et son œuvre.

C'était en 1343, Pétrarque avait trente-neuf ans, et il y en avait déjà plus de seize que durait, sans nul espoir, son amour pour Laure, quand il se décida à cet examen de conscience, et vraisemblablement à l'époque où sa passion lui causait le plus d'agitation et de tourment, mais où déjà aussi perçait la déception de ses espérances, et l'inanité de ses désirs. Peut-être même rougissait-il de s'être fait illusion si longtemps sur un amour qui, n'étant pas partagé, ne devait jamais aboutir. Peut-être encore avait-il pressenti le dénouement fatal qui devait bientôt mettre fin à cette passion. Ce qui fait supposer que ses sentiments à l'égard de la belle Avignonnaise avaient, sinon changé de nature, du moins perdu de leur pristine ardeur, c'est qu'à l'époque de son ascension au mont Ventoux, il adresse à son ami et directeur spirituel, le P. Denis, une lettre très remarquée par tous ceux qui l'ont lue avec attention. On y saisit un premier symptôme de découragement, ou plutôt de regret, peut-être même le commencement du repentir; et cependant il y avait à peine huit ans que cet amoureux modèle soupirait pour l'inflexible Laure. Je ne puis résister au désir de citer le passage le plus saillant de cette curieuse lettre [1] : Se parlant à lui-même :

« ... Il y a dix ans aujourd'hui que, libéré des études classiques,
« tu as quitté Bologne; mais, ô Dieu immortel! ô Sagesse im-

[1] Liv. IV, lettre I.

« muable ! que de changements dans tes habitudes ont vu
« ces deux lustres ! Ils sont infinis, je ne puis les énumérer;
« et pourtant je ne suis pas encore arrivé au port pour parler,
« tout à mon aise, des tempêtes passées. Un temps viendra
» peut-être où je relaterai dans leur ordre tous ces événe-
« ments, en prenant pour texte cette parole de votre Augus-
« tin : *« Je veux me remémorer mes souillures passées et les corrup-*
« *tions charnelles qui ont atteint mon âme, non parce que je les*
« *aime, mais parce que je vous aime, ô mon Dieu !* »

« Pour moi, je reste encore dans une incertitude extrême;
« j'éprouve des ennuis; ce que jusqu'ici j'aimais, je ne l'aime
« plus... Je mens, je l'aime encore, mais avec honte, avec
« chagrin; en vérité, je suis sincère. Oui, je voudrais ne pas
« aimer, je voudrais haïr. J'aime, j'aime, mais malgré moi,
« mais forcément, avec tristesse, avec larmes. Dans mon
« infortune, je m'applique ce vers si connu [1] :

« Je la voudrais haïr, et malgré moi je l'aime. »

Cette lettre, qui date de 1336, est déjà une première confession; elle décèle la lutte que se livraient en son âme deux
penchants contraires : l'amour et la vertu; et ce combat de
la passion et de la raison, dura jusqu'au trépas de Laure.
Mais après la mort de cette chaste femme, la scène change,
son amour s'éthérise, se sanctifie et prend les proportions
d'un culte. Les sonnets et les canzones de cette phase ultime
d'une passion sans précédents, sont des hymnes mélodieux
et bien capables d'éterniser la mémoire si pure de celle qui
en fut l'objet.

Le lecteur me pardonnera, je l'espère, ces considérations
trop prolixes, peut-être, mais il m'a semblé nécessaire, avant
de livrer cette traduction du *Secretum* à la publicité, de montrer en quelle situation morale se trouvait le disciple de saint

---

[1]   Odero si potero, si non, invitus amabo.
(Ovid., *Amor.*, lib. III, Elég. XI.)

Augustin, le chanoine aussi alarmé qu'amoureux, le philosophe et le poète vainqueur et vaincu tour à tour, pour étudier, dans un de ses types les plus originaux, l'homme
ondoyant et divers dont parle Montaigne.

L'œuvre dont je soumets aujourd'hui la traduction à l'ap-
préciation du public, est un colloque entre saint Augustin et
Pétrarque, et divisé en trois journées. Cette forme rappelle
de loin, les entretiens que Cicéron a intitulés les *Tusculanes*,
pour éviter sans doute les expressions : *dit-il, reprit-il,* qui
alanguissent ou alourdissent la phrase. Il se peut que l'auteur
ait eu raison. Toujours est-il que ce dialogue, dans sa structure archaïque, a quelque chose de bizarre et d'étrange, de
naïf jusqu'à la puérilité, et tout à fait en dehors des productions de ce genre.

PROLOGUE

Comment suis-je venu en ce monde?... Comment en sor-
tirai-je?... Tel est le sujet incessant de ces méditations qui
me causent toujours tant d'effroi. Naguère, sans être le jouet
d'un songe comme en ont les malades en délire, tout éveillé,
mais l'âme pleine d'angoisses, je vis apparaître une femme
resplendissante de lumière, d'une beauté que les hommes
n'apprécient pas assez. A son air, à sa figure, on reconnais-
sait une vierge. Par où était-elle entrée? Je l'ignore. A son
aspect inattendu je me sentis troublé, et devant les rayons
émanés de ses yeux, comme d'un soleil, je n'osai lever mes
regards.

Elle me parla ainsi :

« Ne crains rien, que cette apparition ne te cause aucune
« frayeur. Prenant en pitié tes erreurs, je suis descendue
« vers toi, disposée, depuis longtemps, à te prêter une utile
« assistance. Jusqu'ici, tu as trop, infiniment trop abaissé ta
« vue obscurcie vers les choses de la terre; et si ces choses
« périssables ont encore le don de te charmer, que ne dois-tu
« pas espérer si tu t'attaches aux biens célestes? »

A ces paroles, et sans être tout à fait rassuré, d'une voix
tremblante je lui répondis par ces deux vers de Virgile :
« Quel nom vous donnerai-je? Vous n'avez ni le visage ni la
« voix d'une mortelle. »

« Je suis, dit-elle, celle que dans notre poème *Africa* tu as

« décrite avec une élégance recherchée, et pour laquelle tu
« as érigé avec un art merveilleux, au sommet de l'Atlas, un
« magnifique palais, et bâti pour ainsi dire par les mains
« d'un poëte, vers l'extrême occident, tout aussi bien qu'Am-
« phion, le vengeur de Dircé, qui reconstruisit Thèbes au son
« de sa lyre. En bien ! donc, écoute-moi avec calme ; que ma
« présence ici ne t'effraie pas ; déjà, par une fiction ingé-
« nieuse, tu as prouvé que tu me connaissais intimement. »

A peine avait-elle fini de parler, que faisant appel à mes
souvenirs, je reconnus que ce ne pouvait être que la Vérité
elle-même dont j'entendais la voix. Je n'avais pas oublié que
je fis la description de son palais sur le sommet de l'Atlas.
J'ignorais d'où elle pouvait venir, à moins que ce ne fût du
ciel ; je n'en étais pas certain. Désireux de la contempler, je
la regardai, mais soit que la vue de l'homme ne puisse se
fixer sur une lumière éthérée, je fus obligé de baisser une
seconde fois mes yeux vers la terre. Elle s'en aperçut, et
après un moment de silence, reprenant de nouveau la parole,
elle me fit subir une sorte d'interrogatoire, me forçant ainsi
à soutenir une longue conversation.

Je recueillis de cet entretien un double avantage ; il con-
tribua à m'éclairer et à me rassurer un peu. Je pus donc
contempler sans terreur ses traits, qui m'avaient d'abord tant
éblouis ; captivé par leur charme merveilleux, mes regards y
restent attachés ; puis, jetant les yeux autour de nous pour
voir si personne ne l'accompagnait, et si elle avait pénétré
seule dans ma demeure solitaire, j'aperçus alors près d'elle
un homme d'un âge déjà avancé, ayant un air de majesté. Je
n'eus pas besoin de demander son nom : sa tournure ecclé-
siastique, son front modeste, la gravité de sa démarche ; ses
yeux pleins de dignité, son costume épiscopal, son éloquence
toute romaine, me firent reconnaître sans peine le glorieux Père
de l'Église Augustin. De plus, son aspect bienveillant, et ce
je ne sais quoi d'affectueux me dispensait de m'informer qui
il était. Déjà je me disposais à rompre le silence, déjà mes

lèvres s'entr'ouvraient pour lui parler, quand la Vérité, se tournant vers lui, me fit entendre ces douces paroles : « Cher
« entre tous, très cher Augustin, voici devant toi ton disciple
« le plus fervent; tu n'ignores pas de quelle longue et dange-
« reuse maladie il est atteint; il est d'autant plus près d'en
« mourir, ce malade, qu'il ne soupçonne pas la gravité de
« son mal. Le moment est venu de s'occuper de la vie de ce
« demi-mort. C'est un acte de charité que personne mieux
« que toi ne peut effectuer. Ton nom l'a toujours passionné;
« toute doctrine a ceci de particulier, qu'elle s'infuse plus
« facilement dans l'esprit de l'auditeur, quand ie maître en
« est aimé. Si la félicité dont tu jouis actuellement ne t'a pas
« fait oublier tes anciennes misères, toi aussi, tu as subi les
« mêmes épreuves quand tu étais dans ta prison corporelle.
« Puisqu'il en est ainsi, guérisseur expérimenté des passions
« que tu as toi-même ressenties, essaie, si tu peux, je t'en
« prie et par quelque moyen que ce soit, de lutter contre ses
« tristes défaillances. Quoique je sache bien que rien ne
« plaît tant comme le silence de la méditation, il me sera
« particulièrement agréable d'entendre ta sainte voix. »

Augustin répondit : « Vous êtes mon guide et mon conseil,
« ma consolatrice et ma maîtresse, ma souveraine, en un mot,
« m'ordonnez-vous de lui parler en votre présence? » « Sans
« doute, fit-elle, une voix humaine frappe mieux une oreille
« humaine; ce Pétrarque l'écoutera plus volontiers. Au reste,
« tout ce que tu lui diras, il le considérera comme dit par
« moi, je serai là présente. »

« Par l'amour que je porte à ce pauvre affligé, reprit le
« saint, et par déférence pour votre autorité, j'obéis. »

Puis me regardant avec bienveillance, il m'embrassa pater-
nellement pour me donner du courage; après cela il se
rendit dans le lieu le plus retiré du logis, précédé de quelques
pas par la Vérité. Tous trois nous nous assîmes ensemble.
Enfin là, sans témoins, nous nous entretînmes longuement de
divers sujets ayant pour juge la Vérité qui gardait le silence.

Ce colloque dura trois jours; les mœurs du siècle en firent les frais; il fut question, surtout, de tous les crimes que commettent les hommes, en général, afin de ne pas paraître m'adresser des reproches personnels. Quant à ceux qui me furent attribués directement, je les ai conservés fidèlement dans ma mémoire. Pour ne pas perdre la trace de cet entretien familier, je l'ai confié au papier et j'en ai rempli ce petit volume, non pas que je veuille le joindre à mes autres œuvres ou m'en faire un titre de gloire, je travaille à des ouvrages plus importants, mais pour savourer de nouveau le plaisir que j'ai goûté la première fois dans ces colloques, lorsqu'il m'arrivera de les relire.

Aussi, cher petit livre, tu fuiras les assemblées des hommes, tu te contenteras de rester avec moi, pour que tu saches garder ton vrai nom, car tu es et tu seras appelé mon *Secret.* Et lorsque je me livrerai à des occupations plus sérieuses, tu auras conservé ces pensées, conçues dans le mystère de mon âme, tu me les rappelleras dans le mystère de mon cœur.

Moi aussi à l'exemple de Cicéron, j'ai pris le parti de supprimer les *dis-je*, les *dit-il*, qui reviennent trop souvent dans le récit; j'ai mis les interlocteurs en présence avec leur nom propre.

Cette manière d'écrire, je le répète, je l'ai empruntée à mon cher Cicéron, qui la tenait de Platon; et pour ne pas m'attarder davantage, le saint commença par m'interpeller ainsi :

MON SECRET

DU MÉPRIS DU MONDE

COLLOQUE DU PREMIER JOUR

Saint Augustin. — Homme de néant, que dis-tu? A quoi rêves-tu? Qu'attends-tu? Ne te souviens-tu pas que tu es mortel?

Pétrarque. — Certes, je ne l'oublie pas, car toutes les fois que cette pensée se présente à mon esprit, il est frappé de terreur.

Aug. — Dieu veuille que tu ne l'oublies pas, comme tu le dis et que tu en fasses ton profit, car tu m'éviterais une rude tâche; il est effectivement de toute certitude qu'en méprisant les décevants attraits de cette vie, et en garantissant son âme contre les orages de ce monde, on ne peut rien faire de plus efficace que de se rappeler sa propre misère et de méditer sans cesse sur sa fin dernière, pensée qui ne doit pas glisser légèrement à la surface, mais s'incruster profondément jusqu'à la moelle des os. Je crains fort, qu'en ce cas, ainsi que je l'ai observé chez beaucoup d'autres, tu ne te fasses illusion.

1

PÉTR. — Et comment cela, je vous le demande?... Je ne comprends pas clairement ce que vous dites.

AUG. — De toutes les conjonctures où vous vous trouvez, mortels que vous êtes, celle qui, entre toutes, me cause le plus de surprise et d'effroi, c'est le soin que vous prenez d'entretenir vos misères, l'artifice que vous mettez à méconnaître un péril imminent, et l'habileté que vous déployez à éloigner cette pensée, quand elle se présente à votre esprit.

PÉTR. — De quelle façon?...

AUG. — Crois-tu qu'il y ait personne d'assez insensé, lorsqu'on est en proie à une maladie dangereuse, pour ne pas désirer vivement la guérison?

PÉTR. — Une telle démence n'existe pas, je pense.

AUG. — Eh bien donc, t'imagines-tu un homme assez insouciant et assez dépourvu de sens pour ne pas chercher à obtenir ce qu'il désire avec ardeur.

PÉTR. — Je n'en crois rien non plus.

AUG. — Si nous sommes d'accord sur ces deux points, nous devons nécessairement l'être aussi sur le troisième.

PÉTR. — Et quel est ce troisième point?

AUG. — De même que celui qui, par une profonde et persévérante méditation, s'est reconnu misérable, désire s'affranchir de ses misères, dès qu'il a commencé à le désirer, de même aussi doit-il se mettre à la poursuite de son objet, afin d'en pouvoir acquérir la possession.

Il est incontestable que cette conséquence est vicieuse, si manque le désir, et le désir ne peut naître si on ne connaît pas sa propre misère. D'où il suit que la conséquence du troisième raisonnement dépend du second, et celle du second est soumise au premier, qui est comme la racine du salut de l'humanité, que vous, insensés, et toi en particulier si ingénieux à te perdre, vous cherchez à extirper de votre cœur, entraînés par les attraits décevants des plaisirs terrestres, dont je parlais tout à l'heure avec étonnement et indignation, et pour lesquels vous subissez un juste châtiment.

Pétr. — Mais cette conséquence, je ne la vois pas; je ne comprends pas comment celui qui est malheureux, et qui a le dés.r de ne pas l'être, peut arriver à son but, quelque effort qu'il fasse. Car il est une foule de choses que nous désirons avec ardeur et que nous poursuivons par tous les moyens, et cependant, malgré nos peines, malgré nos sollicitudes, nous ne parvenons ni ne parviendrons jamais à nous les procurer.

Aug. — C'est vrai, j'en conviens, pour les choses autres que celle dont il s'agit, parce que celui qui désire se soustraire à son malheureux sort, pourvu qu'il le veuille véritablement, absolument, ne peut être frustré de ce qu'il désire.

Pétr. — Oh! oh! qu'entends-je? Il est peu d'hommes qui ne s'aperçoivent qu'il leur manque beaucoup de choses, cela est élémentaire pour tout le monde, et qui par cela même se considèrent comme malheureux; par conséquent, plus on possède, plus on est heureux, et, par contre, tout ce qui est en moins doit nécessairement rendre malheureux à proportion. On sait à merveille que tout homme a le désir de déposer le fardeau de ses misères, et que bien peu en ont le pouvoir. Il est, en effet, nombre de gens qui sont en proie aux douleurs physiques, au chagrin de la mort de personnes chères, aux maux de la captivité, de l'exil, aux angoisses sans trêve de la pauvreté, et à d'autres infortunes de ce genre qu'il serait trop long d'énumérer, qu'il faut néanmoins supporter, quelque difficile et pénible que ce soit. Vous voyez donc que les pauvres patients, malgré leurs souffrances, ne peuvent éviter leur sort. Il n'y a donc pas de doute à mon avis, qu'une multitude de personnes sont forcément et fatalement malheureuses.

Aug. — Il faut te reporter plus loin en arrière, et, comme cela se pratique habituellement, à l'aide de petits moyens artificiels de raisonnement on revient aux principes par une série de preuves. Véritablement je te supposais un esprit plus avancé; je ne pouvais penser que tu eusses besoin d'admonestations, comme un enfant. Certes, si tu avais fait ton profit des vraies et salutaires maximes des philosophes que tu as relues souvent en ma compagnie, et si (permets-moi de formuler librement mon opinion) tu avais travaillé pour toi et non pour les autres, et lu tant de livres pour te servir de règle de conduite, et non pour ambitionner les vains applaudissements du public, ou par un orgueil insensé, tu ne dirais pas de sottises aussi lourdes et aussi absurdes.

Pétr. — Je ne vois pas où vous voulez en venir, et pourtant je sens la rougeur me monter au front, et j'éprouve le même sentiment que ces écoliers réprimandés par leurs pédagogues, et qui, avant de savoir ce dont on les accuse, se confondent en excuses au premier mot du magister, se rappelant bien qu'ils ont souvent manqué à leurs devoirs. Et moi aussi, j'ai conscience de mon ignorance et de mes fautes nombreuses, et quoique je ne comprenne pas le but de vos paroles, je sens déjà mon front rougir, avant que vous n'ayez fini de parler, parce que je prévois bien qu'il n'est rien qu'on ne puisse m'objecter. Mais expliquez-vous plus clairement, je vous prie, et dites-moi pourquoi vous m'avez traité si durement. Est-ce parce que j'ai prétendu qu'il était plus facile de connaitre et de détester ses misères, que de les éviter? Les deux premières facultés dépendent de notre libre arbitre, la troisième est entre les mains de la fortune.

Aug. — La pudeur que tu as montrée mériterait l'indulgence pour ton erreur; mais je m'indigne contre ton impudence, chose plus grave que l'erreur. N'as-tu donc pas présentes à la pensée, ces philosophiques et très sages paroles : « Ni « la pauvreté, ni les peines, ni les humiliations, ni les mala- « dies, ni la mort ne peuvent rendre malheureux. » Or, si la vertu seule fait le bonheur de l'homme (fait démontré par des preuves irréfragables, par Cicéron et bien d'autres), il en résulte que rien ne s'oppose à la félicité, si ce n'est le contraire de la vertu; conséquemment, à moins que tu n'aies l'esprit obtus, tu me comprendras sans que je m'explique davantage.

PÉTR. — Je le reconnais, je vois bien que vous me prêchez la doctrine des Stoïciens, si opposée aux opinions populaires; elle est plus vraie en théorie qu'en pratique.

AUG. — Insensé! tu espères arriver à la connaissance de la vérité en suivant les errements du vulgaire, en prenant des guides aveugles pour parvenir à la lumière. Il te faut te détourner des sentiers battus, aspirer à de plus hautes perspectives, suivre la voie tracée par un petit nombre d'intelligences d'élite, et te montrer capable de goûter cette poétique parole : « Courage, noble enfant, c'est le chemin du « Ciel [1]. »

PÉTR. — Plaise au ciel que je sois ainsi favorisé avant que je ne meure. Mais continuez, je vous prie; je n'ai aucune répugnance à me ranger aux principes des Stoïciens, bien préférables aux errements de la foule; je n'ai aucun doute à cet égard. De quoi voulez-vous me convaincre à ce sujet? J'attends. Nous sommes d'accord sur ce point, à savoir qu'on n'est ou qu'on ne peut devenir misérable que par le vice. Qu'est-il besoin de discuter? Je crois savoir qu'il est beaucoup de gens, et je suis du nombre, pour lesquels rien n'est plus pénible que le joug du vice, et qui pourtant ne peuvent le secouer, quoiqu'ils aient, pendant toute leur vie, employé tous leurs efforts pour y parvenir. C'est pourquoi, nonobstant l'axiome des Stoïciens, on doit admettre que beaucoup d'hommes, malgré eux, à leur grand regret, et tout en souhaitant le contraire, sont très misérables.

AUG. — Nous nous sommes un peu écartés de la question; revenons à notre point de départ.

Je m'étais proposé de t'enseigner le moyen de te délivrer des embarras de cette vie périssable, et t'amener à tout voir,

---

[1] Macte animo, generose puer, sic itur ad astra.
(Virg., *En.*, liv. IX, v. 641.)

de plus haut : en premier lieu, d'obtenir de te faire méditer sur la mort et les misères de l'humanité; ensuite de t'inoculer un vif désir et la volonté de te relever; ce but atteint, je me promettais d'arriver sans peine au couronnement, à moins, toutefois, que tu n'aies des vues tout opposées.

PÉTR. — J'ai semblé, en effet, croire le contraire, mais je n'osais l'exprimer, car, dès mon adolescence, la haute opinion que j'avais conçue de vous allait *crescendo*, de telle façon que si, pour un peu, j'avais une opinion qui semblait ne pas être conforme à la vôtre, je me figurais m'être trompé.

AUG. — Trêve de compliments, je te prie, car tu as adopté mes idées plus par déférence pour moi que par rectitude de jugement. Je te permets de dire en toute liberté ce que tu penses.

PÉTR. — Je suis encore tout ému, mais j'userai de cette licence que vous m'accordez. Je ne m'occuperai pas des autres. *Celui* qui préside à toutes mes actions m'est témoin, tout comme vous, que chaque fois que j'ai réfléchi à ma misérable condition et à la mort, chaque fois que j'ai tenté de laver mes souillures par d'abondantes larmes, aveu qui me fait encore pleurer, comme vous le voyez, tout ne m'a servi de rien jusqu'à cette heure. Cela tient uniquement à ce que je suis préoccupé de la vérité de la proposition que vous cherchez à établir, à savoir, que personne n'est misérable, si ce n'est volontairement, et personne n'est malheureux, que de son plein gré; je fais la triste expérience du contraire.

AUG. — C'est bien osé ce que tu nous débites là, et cette doléance ne semble pas devoir finir de sitôt, et quoique souvent j'aie tenté d'inculquer ces maximes, sans réussir, je vais encore essayer aujourd'hui. On ne peut être ni devenir misérable, si on ne le veut pas. C'est, comme je le disais en commençant, un vain, pervers et pestilentiel penchant qu'ont les hommes à vouloir se tromper eux-mêmes; or, il n'est rien de plus pernicieux au monde, car si on redoute avec raison les supercheries des gens avec qui l'on vit, parce que la situation de ceux qui vous trompent ne permet pas d'user de précautions salutaires, et que vos oreilles sont sans cesse frappées de leurs paroles flatteuses, combien, à plus forte raison, devez-vous craindre vos propres tromperies; mais ici l'amour, l'autorité, l'intimité sont tout-puissants, puisqu'on s'estime plus qu'on ne vaut, qu'on s'aime plus qu'on ne doit, et que par cela même le trompeur et le trompé sont tout un.

PÉTR. — Vous avez souvent tenu un pareil discours aujourd'hui; pour moi, je ne me suis jamais, que je sache, trompé moi-même, plût à Dieu que les autres ne m'eussent jamais trompé!

AUG. — Tu te trompes extrêmement en te vantant de ne t'être jamais trompé toi-même, mais je n'ai pas une si piètre opinion de ton caractère pour ne pas être certain que si tu réfléchissais sérieusement, tu sentirais toi-même que personne ne tombe dans la misère, si ce n'est de son plein gré. Voilà bien le sujet de notre discussion.

Dis-moi, je te prie (réfléchis bien avant de répondre, et pénètre-toi bien de la chose, si tu es plus désireux de la vérité que de la controverse), dis-moi, je le répète, si l'homme est forcé de pécher? Les sages admettent que le péché est un acte volontaire, à ce point que, si la volonté manque, le péché n'existe pas. Or, sans le péché, l'homme n'est point misérable; cette conclusion, ne me l'as-tu pas concédée tout à l'heure?

PÉTR. — Je m'aperçois que j'étais sorti de la question; je suis forcé de convenir que le commencement de ma misère procède de mon libre arbitre. C'est une intuition, il en doit être ainsi pour les autres, je présume. Vous conviendrez que je suis dans le vrai.

AUG. — Quel aveu demandes-tu de moi?

PÉTR. — Comme il est de toute vérité que personne ne faillit, si ce n'est de son plein gré, de même il est hors de doute que grand nombre d'hommes, tombés volontairement, persévèrent dans leur chute, malgré eux. Ce qui m'arrive à moi-même, je ne crains pas de l'affirmer, châtiment qui m'est infligé, je suppose, pour n'avoir pas résisté quand je l'ai voulu.

Aug. — Ce que tu dis là est presque insensé; puisque tu reconnais t'être trompé dans le premier cas, tu devrais faire le même aveu dans le second cas.

Pétr. — Vous prétendez que faillir et ne pas se relever sont une seule et même chose?

Aug. — Assurément. N'avoir pas voulu et vouloir, sont choses différentes; si par le fait elles diffèrent quant au temps, en réalité cependant, et dans la pensée du *non voulant*, c'est tout un.

Pétr. — Je sens que vous me serrez de très près; ce n'est pas toujours le lutteur le plus fort suivant les règles de l'art, qui reste vainqueur, mais le plus habile.

Aug. — Nous parlons devant la Vérité qui aime la simplicité en tout, et déteste les finasseries; tu t'en apercevras bien dans la suite, lorsque nous discuterons simplement.

Pétr. — Je ne puis rien entendre de plus agréable; apprenez-moi donc comment il a été question de ma personne, et vous donnerez les raisons qui font que je suis misérable, ce que je ne puis nier, et maintenant comment je dois user de ma volonté pour me relever, alors que je pense tout le contraire, ce dont je suis chagrin; car rien n'est plus contraire à ma volonté... mais je ne veux pas en dire davantage.

Aug. — Pourvu que nos conventions soient respectées, je t'engage à te servir d'autres expressions.

Pétr. — De quelles conventions parlez-vous? de quelles expressions dois-je me servir?

Aug. — Nos conventions sont celles-ci, toute subtilité à part : rechercher la vérité purement et simplement, et les expressions dont je veux que tu te serves sont celles-ci : ce que tu as dit ne pouvoir, tu reconnaisses ne le vouloir.

Pétr. — Nous n'en finirons pas, je ne reconnaîtrai jamais cela. Je sais de reste, et vous-même vous en avez été témoin, que bien souvent j'ai voulu et je n'ai pu, et les abondantes larmes que j'ai versées ont été inutiles.

Aug. — J'ai été témoin de l'abondance de tes pleurs, de ta volonté, jamais.

Pétr. — Par ma foi! l'homme sait-il ce qu'est l'homme? J'ai tant souffert, je me serais relevé si cela m'eût été permis.

Aug. — Tais-toi; le ciel et la terre se confondront, les astres se détacheront du firmament, et les éléments aujourd'hui réunis se sépareront, avant que la Vérité, qui juge notre différend, puisse être trompée. Tes larmes ont souvent bourrelé ta conscience, mais ne t'ont pas fait changer de sentiment.

Pétr. — Que de fois j'ai dit : je ne puis faire davantage !

Aug. — Combien de fois j'ai répondu : il vaudrait mieux vouloir plus sérieusement! Et cependant, je ne suis pas surpris de te voir en proie à ces perplexités; moi-même j'ai été leur jouet, alors que je cherchais une nouvelle voie pour régler ma vie. Je m'arrachais les cheveux, je me frappais le front, je me tordais les doigts, je me prenais les genoux à mains jointes, je remplissais l'air et le ciel de soupirs douloureux et de gémissement sans relâche, j'arrosais la terre d'un déluge de larmes, et malgré cela je restai tel que j'étais, jusqu'à ce qu'enfin une profonde méditation me fit envisager toute ma misère. Quand donc je voulus fermement, je le pus à l'instant même, et par une heureuse et merveilleuse rapidité je fus transformé en un autre Augustin, comme tu l'as lu dans mes *Confessions*.

Pétr. — Je le sais, et ne puis oublier ce figuier sauveur sous lequel ce miracle s'est opéré[1].

---

[1] Ego sub quadam fici arbore stravi me, nescio quomodo, et dimisi habenas lacrymis... Et ecce audio vocem de vicina domo cum cantu dicentem : *Tolle, lege.*

(August., *Confes.*, lib. VIII, cap. xii.)

AUG. — Tu as raison, puisque ni le myrte, ni le lierre, ni
le laurier — quoique cher à Apollon, et ambitionné par tous
les poètes, et par toi en particulier, qui seul, dans ton siècle
as mérité d'en porter une couronne — aucun de ces arbustes
ne doit être plus cher à ton âme, après tant de tempêtes
revenu au port, que le souvenir de ce figuier qui doit opérer
ta conversion, obtenir ton pardon et te faire concevoir des
espérances certaines. Tu te trouves précisément dans le cas
de ceux à qui ce vers de Virgile peut s'appliquer : « L'âme
« reste immuable, et les pleurs coulent inutiles[1]. » Je pourrais multiplier les citations, une seule suffit avec mon exemple
personnel.

PÉTR. — Votre exemple me touche profondément parce
qu'il me semble qu'il existe une certaine analogie entre mes
orages et vos fluctuations. Aussi, lorsque je me trouve en
lutte avec deux sentiments contraires, la crainte d'un côté,
l'espérance de l'autre, et quelquefois avec des larmes dans
les yeux, lisant vos *Confessions*, il me semble que je lis non
l'histoire d'un autre, mais la mienne propre.

Puisque désormais je renonce à toute discussion, continuez
selon votre bon plaisir, car j'ai pris le parti de vous suivre,
non de vous contredire.

AUG. — Ce n'est pas là ce que je demande; car suivant un
très docte personnage, à trop discuter la vérité se perd,
tandis qu'une controverse modérée, souvent vous conduit au
vrai. Il ne faut donc pas accepter tout aveuglément à la façon
des esprits insouciants et paresseux, ni d'un autre côté s'attacher à la discussion d'une vérité évidente; c'est l'indice
manifeste d'un caractère querelleur.

PÉTR. — Je vous comprends, je vous approuve, je suivrai
votre conseil, veuillez continuer.

AUG. — Ne reconnais-tu pas la justesse de cette proposi-

---

[1] Mens immota manet, lacrymas volvuntur inanes.
(Virg., *Eneid.*, lib. IV, v. 449.)

tion et les conséquences qui en découlent, à savoir que l'intuition parfaite de ses misères engendre le parfait désir de s'en délivrer, si ce désir obéit à la volonté potentielle?

PÉTR. — Je suis déterminé à croire tout ce que vous dites.

AUG. — Eh bien donc, parle, formule ta pensée quelle qu'elle soit.

PÉTR. — Je n'ai rien à dire, si ce n'est que je suis fort étonné de n'avoir pas voulu jusqu'à présent ce que je croyais avoir toujours voulu.

AUG. — Tu ne fais que t'en apercevoir; mais pour mettre fin à ces trop longs discours, je te dirai que jamais tu n'as voulu, je te citerai à propos ce vers d'Ovide : « C'est trop peu de « vouloir, désirez vous rendre maître de l'objet de vos vœux[1]. »

Si tu crois avoir fait acte de volonté, c'est une erreur, et pour en être sûr, interroge ta conscience; elle est le juge infaillible et sincère de nos actions et de nos pensées, la meilleure interprète de la vertu, elle te dira que tu n'as jamais aspiré à ton salut avec cette ardeur que réclament les périls multiples qui t'environnent.

PÉTR. — J'ai commencé, suivant votre avis, à sonder ma conscience, et j'ai reconnu la vérité de vos paroles.

AUG. — Nous avons gagné quelque chose puisque tu commences à te réveiller; tu es déjà mieux si tu sais que tu as été malade.

PÉTR. — Si cette connaissance suffit, ce n'est pas seulement bien, je crois que ce sera bientôt très bien; je n'ai jamais, en effet, mieux compris que je n'ai pas jusqu'ici désiré assez ardemment la liberté et la fin de mes misères; ce désir n'est-il pas suffisant? Il ne me reste plus rien à faire.

AUG. — Tu émets là une proposition inadmissible, est-ce qu'un homme qui désire ardemment, se contente de désirer et s'endort ensuite, car alors à quoi lui sert de désirer? C'est

---

[1] Velle parum est; cupias, ut re potiaris oportet.

marcher entre d'inextricables difficultés, et cette aspiration à la vertu est déjà une grande vertu.

Pétr. — Vous me donnez là un puissant motif d'espérer.

Aug. — Aussi, par mes paroles, je veux t'apprendre à espérer et à craindre.

Pétr. — Craindre! Et comment?

Aug. — Oui, et à espérer aussi.

Pétr. — Comme, jusqu'à présent, je ne me suis pas médiocrement évertué à ne pas être pire que je suis, vous me montrerez la voie qui doit me conduire à la perfection.

Aug. — Tu ne te figures pas sans doute combien ce chemin est ardu.

Pétr. — Allez-vous donc me causer de nouvelles terreurs?

Aug. — Désirer n'est qu'un mot, mais la chose entraîne une foule de conséquences.

Pétr. — Vous me faites trembler.

Aug. — Sans parler de ce qui constitue le désir, il n'est efficace que par l'anéantissement d'une foule de choses.

Pétr. — Je ne comprends pas ce que vous voulez dire.

Aug. — Ce parfait désir ne peut naître sans tuer tous les autres. Tu sais que la vie est assaillie de concupiscences de toute sorte, il t'est donc nécessaire de les repousser pour arriver à ce désir de suprême félicité, car, sans contredit, on aime moins quand on aime quelque chose avec soi, parce qu'alors on ne l'aime pas pour elle-même.

Pétr. — Je sais d'où vient cette pensée.

Aug. — Combien y a-t-il eu d'hommes qui aient éteint toutes les concupiscences, ce qui serait trop long à énumérer, et après avoir imposé à leur âme ce frein de la raison, osent dire : je n'ai rien de commun avec les choses sensuelles, elles semblent attrayantes et ne sont que souillures, j'aspire à des jouissances plus pures?

Pétr. — Cette classe d'individus est très-rare, et la difficulté que vous signalez m'apparaît clairement.

Aug. — Ces folles convoitises une fois mortes, le salutaire

désir se dégage dans toute sa plénitude; il est donc nécessaire que l'âme, par ses nobles aspirations, s'élève vers le
ciel, en se débarrassant des liens corporels et des illusions
terrestres qui l'accablent. Ainsi, vous autres hommes, tandis
que d'un côté vous désirez vous élever, de l'autre vous cherchez à rester dans les bas-fonds, de sorte que, tiraillés en
sens contraire, vous n'arrivez à rien.

PÉTR. — Qu'y a-t-il à faire, selon vous, pour que l'âme,
après avoir secoué le joug des mondanités, prenne son vol
vers les hautes régions?

AUG. — Ceux qui tendent à ce but doivent avoir recours
à la méditation que j'ai signalée en commençant, et se rappeler sans cesse la fragilité humaine.

PÉTR. — Personne, si je ne m'abuse, n'a plus souvent que
moi cette pensée présente à l'esprit.

AUG. — Il n'y a pas longtemps, car tes préoccupations
étaient ailleurs.

PÉTR. — Eh quoi! Est-ce que je ne dis pas la vérité?

AUG. — Je ne veux pas être impoli, je dois te dire que tu
ne penses pas assez sérieusement à la mort. Personne n'est
assez dénué de sens, à moins d'être tout-à-fait insensé, pour
ne pas voir à chaque instant combien il est faible, et quand
on l'interroge, pour ne pas répondre qu'il habite un corps
caduc et sujet à la mort; les douleurs physiques, les accès
de fièvre en sont la preuve; il n'est pas d'existence qui en
soit exempte. Dieu n'a accordé ce privilège à personne, sans
compter la mort de nos amis qui tous les jours succombent
sous nos yeux pour nous remplir l'âme de terreur, car, lorsqu'on assiste aux funérailles d'un de ses contemporains, on doit
craindre son propre décès devant celui d'autrui, et en tremblant pour soi-même, on est forcé de s'écrier : Si cet homme
a été moissonné par la mort, lui qui était jeune et beau, et
paraissait être dans toute sa force, s'il vient d'être surpris par
un trépas inopiné, qui donc me garantira mon existence?
Est-ce Dieu ou quelque sorcier, car je dois nécessairement

mourir. Quand on voit la maison de son voisin brûler on doit craindre pour la sienne, et comme dit Horace : « Encore un « peu de temps, te viendront les périls [1]. »

Si pareil sort attend les empereurs, les rois de la terre, les bons comme les méchants, ceux qui en seront témoins en seront d'autant plus frappés, parce que, habitués à voir les hommes mourir comme à l'ordinaire, ils sont effrayés quand surviennent des trépas subits ou lorsque l'agonie n'est que de quelques heures. N'est-ce pas ainsi que les choses se passent et ce qui fait que le monde est terrifié à la mort des grands Or pour te rappeler un fait historique entre tous, tu te souviens de ce qui se passa à la mort de Jules César.

C'est le spectacle de tous les jours, et qui a le privilège d'attrister les regards et de porter la terreur dans le cœur des populations en faisant souvenir du sort réservé à tous. Il faut compter encore la fureur des bêtes féroces, et les hommes, et la rage des combats; et puis, les ruines des grandes demeures, qui, comme l'a dit très bien quelqu'un, après avoir servi à vous protéger, sont alors une menace pour vous. Tout dans la nature est un danger mortel et le ciel et la terre et la mer.

Pétr. — Excusez-moi si je vous interromps; vos paroles sont bien faites pour éclairer ma raison, mais, tout en vous admirant, je ne vois pas bien où vous voulez en venir.

Aug. — Je n'avais pas fini, et tu m'as interrompu; voici quelle était ma conclusion : l'âme des misérables par une longue habitude se montre réfractaire aux avis salutaires, aussi est-il rare qu'elle réfléchisse sérieusement à la fatalité de la mort.

Pétr. — Ainsi, la définition de l'homme est connue de peu de gens. Et pourtant les professeurs de dialectique font retentir les écoles de cette vérité, ils en fatiguent les oreilles

---

[1]   Ad te post paulo ventura pericula cernis.
        (Horat., Epist. 1, ép. xviii. Ad Lollium.)

de leurs auditeurs et les colonnes de leurs classes. Leur
bavardage menace de s'éterniser; satisfaits de la définition
des choses, ils n'en connaissent pas la nature, et se com-
plaisent dans des discussions sans fin. La plupart ignorent ce
dont ils parlent, et si un de ces quidams est interrogé sur la
définition de l'homme, ou sur toute autre question semblable,
sa réponse est toute prête; si vous le poussez, il reste coi, ou
si l'habitude de parler lui fournit des phrases banales qu'il
débite avec une assurance d'effronté, vous voyez à quelle
espèce d'homme vous avez affaire, il n'a pas une notion exacte
de l'objet dont il s'agit. Et contre cette tourbe si ennuyeuse,
si paresseuse et si inutilement curieuse, il est bon de les
tancer de la sorte : pourquoi, malheureux, vous démenez-
vous toujours en vain? Pourquoi, sans souci du fond, vous
attachez-vous à la forme? Pourquoi, avec vos cheveux blancs
et votre figure ridée, vous amusez-vous à de puériles inepties? Plût à Dieu que vos niaiseries ne fussent nuisibles qu'à
vous seul, sans corrompre les nobles intelligences de la jeunesse.

Aug. — Contre cette monstruosité de l'école, on ne saurait
trop se gendarmer, j'en conviens, mais entraîné par le besoin
de protester, tu n'as pas complété la définition de l'homme.

Petr. — Je croyais l'avoir fait suffisamment, je vais être
plus explicite. L'homme est un animal, mais le premier de
tous[1]. Il n'est personne, quelque obtus qu'il soit, le moindre
pâtre ou le plus simple enfant, qui, si on l'interroge, ne
réponde que l'homme est un animal raisonnable et sujet à
la mort, donc cette définition est élémentaire pour tout le
monde.

Aug. — Non, pour un petit nombre seulement.

---

[1] En ce temps-là on ne s'était pas encore avisé de définir l'homme « un
« singe perfectionné. » Il était réservé au xixᵉ siècle et à la savante Angle-
terre, de reconnaître que les bimanes et les quadrumanes sont frères.
C'est un trait de génie fait pour honorer une époque où l'histoire naturelle
est prise en flagrant délit de divagation. (N. du T.)

PÉTR. — Comment! Si vous rencontrez quelqu'un conformant sa conduite à la raison et y subordonnant toutes ses aspirations, pour maîtriser tous les mouvements de l'âme, il mérite assurément le nom et la qualification d'homme, et doit être distingué de la brute.

AUG. — Il doit aussi être bien pénétré qu'il est mortel, cette conviction sera un frein à ses passions ; il méprisera les choses périssables de ce monde, pour soupirer après cette autre vie hors laquelle on ne meurt plus. Voilà la conséquence utile que l'on doit tirer de la définition de l'homme telle que tu viens de la donner, conséquence connue de peu de gens et que peu de gens méditent.

PÉTR. — J'ai cru jusqu'ici faire partie de ce petit nombre.

AUG. — Je ne doute pas que ton esprit, éclairé par l'expérience et nourri par d'incessantes lectures, n'ait souvent été occupé par la pensée de la mort, mais elle n'est jamais descendue assez profondément, ni fixée assez solidement dans ton âme.

PÉTR. — Qu'entendez-vous par : descendre plus profondément dans mon âme? je désire avoir de vous des éclaircissements à cet égard.

AUG. — Je dirai — chose dont le vulgaire lui-même est persuadé et qui est attestée par les éclatants témoignages de nombreux philosophes — que la mort est ce qu'il y a de plus redoutable, son nom seul vous épouvante; mais pour faire passer de l'oreille au cœur ce sentiment d'horreur qu'inspire la mort, il est urgent de méditer à fond sur chaque partie de ceux qui vont mourir : voir les extrémités glacées, le buste ruisselant d'une sueur froide, les flancs battre, l'esprit vital se ralentir à l'approche de la mort, les yeux excavés, le regard vague et humide de larmes, le front contracté, le visage livide, les joues pendantes, les dents fuligineuses, les narines rétractées, le nez effilé, les lèvres écumeuses, la langue épaissie et paralysée, le palais desséché, la tête appesantie, la poitrine oppressée, la voix murmurante,

les soupirs anxieux, le corps entier exhalant une odeur cada-
véreuse et surtout le facies horriblement décomposé; tous
signes qui apparaissent successivement ou à la fois quand on
a eu occasion d'avoir sous les yeux l'image d'une mort prochaine. On se grave mieux dans la mémoire ce qu'on a vu
que ce qu'on a entendu. Aussi, est-ce avec une intention bien
évidente que dans certains ordres religieux, les plus renom-
més pour leur sainteté, on a, jusqu'en ce siècle si ennemi de
la morale, on a, dis-je, conservé l'habitude de faire intervenir
les moines pour considérer les cadavres pendant qu'on les
lave et qu'on les prépare à l'ensevelissement; ils sont là,
témoins de ce terrible événement afin de s'en pénétrer fortement, et de délivrer leur âme de toute espérance mondaine.
Voilà ce que j'entends par descendre profondément dans son
âme. Peut-être que, par habitude, vous ne prononcez pas le
mot de mort, cependant rien n'est plus certain que la mort,
et rien n'est plus incertain que son heure. Il en est ainsi de
toutes choses de cette nature, sur lesquelles on se blase en
en parlant sans cesse; elles glissent, et ne se fixent pas.

Pétr. — Je souscris d'autant mieux à ce que vous dites
que je reconnais beaucoup de ces pensées dont je suis habituellement assailli intérieurement. Cependant, rafraîchissez-
moi la mémoire par quelque réflexion, afin que, bien averti,
je ne me fasse pas d'illusion sur mon compte, et je ne me
complaise pas en mes propres erreurs; c'est là, si je ne
m'abuse, ce qui fait que l'esprit de l'homme se détourne
du droit chemin de la vertu, et lorsqu'il s'imagine avoir atteint
le but, il n'en demande pas davantage.

Aug. — J'aime à t'entendre parler ainsi; c'est le langage
d'un esprit circonspect, qui ne veut pas rester inactif, et ne
rien livrer au hasard. Voici un criterium qui ne te trompera
jamais : Chaque fois que tu penseras à la mort, ne change
pas de place, sache que toute autre pensée est inutile; si
plongé dans cette méditation, tu viens à frissonner, à trembler,
à pâlir, si tu crois ressentir les angoisses et les affres de la

mort, et qu'alors ton âme, comme si elle allait abandonner son enveloppe charnelle, semble prête à subir le jugement suprême pour rendre compte de ses actes, de ses paroles, de toute son existence passée, à quoi t'auront servi et la beauté physique, et la gloire mondaine, et l'éloquence, et la richesse, et la puissance, toutes choses décevantes? Tu comprendras que le Juge ne peut être ni corrompu ni trompé, que la mort elle-même ne peut être conjurée, la mort qui n'est pas la fin de la lutte, mais une transition.

Tu n'éviteras pas mille supplices, mille tortures, ni pleurs, ni gémissements, ni fleuves de soufre, ni les ténèbres, ni les furies vengeresses de l'Averne, ni l'horreur du Tartare, ni le comble de tous les malheurs, l'éternité et la colère d'un Dieu implacable. Si ton esprit est frappé de toutes ces choses, non comme d'une fiction, mais une réalité, non comme une possibilité, mais une certitude fatale, inévitable, prochaine, et persistant dans cette pensée sans désespérer jamais, plein de confiance en la puissance divine qui peut t'attacher à ces misères, tu feras voir alors que ton mal est curable, que tu as le désir de te relever, et ferme dans ton propos, tu peux être sûr que ce ne sera pas en vain que tu auras médité.

PÉTR. — En me mettant sous les yeux cet amas de misères vous m'avez furieusement épouvanté. Mais si Dieu me prête assistance, chaque jour je me plongerai dans ces réflexions, la nuit surtout, après être débarrassé des affaires quotidiennes; mon âme s'étant recueillie, je me mets dans la posture d'un homme qui va mourir, et par un effort d'imagination, je me représente l'heure de la mort, avec toutes les circonstances concomitantes dans tout ce qu'elles ont de plus terrible, de telle façon qu'il me semble que je suis à l'agonie, et comme si je voyais le Tartare et tous les supplices que vous venez de dépeindre. Cette vision me trouble si violemment que je saute épouvanté hors de mon lit, au point d'effrayer les personnes présentes, en m'écriant : Ah! que fais-je? Que je souffre! Quel abîme de misères la fortune me réserve! Jésus,

secourez-moi : « Arrachez-moi à ces maux, vous tout-puis-
« sant, tendez la main à un infortuné et faites-moi passer
« avec vous au delà du fleuve, afin qu'après ma mort je puisse
« reposer en un séjour tranquille [1]. »

De plus, j'ai des terreurs folles, des accès d'épouvante,
souvent je parle seul, plus souvent avec mes amis qui se
mettent à pleurer en me voyant verser des larmes, puis
après tout, nous reprenons notre vie habituelle.

Puisqu'il en est ainsi, qui me retient? Quel obstacle latent
a, jusqu'à cette heure, agi de façon que cette pensée ne m'a
causé que des troubles et des terreurs? Je suis resté le
même que par le passé, comme ceux à qui rien de semblable
n'est arrivé pendant le cours de leur existence; je suis bien
plus misérable qu'eux puisque, quel que soit leur sort futur,
ils jouissent des plaisirs présents, tandis que je vis incertain
de ma fin dernière, et je ne jouis d'aucun plaisir qui ne soit
empoisonné par cette pensée amère.

Aug. — Je ne veux pas, crois-le bien, t'attrister quand il y
a lieu de te réjouir. Plus le pécheur s'abandonne aux délices et
aux voluptés coupables, plus il est malheureux et à plaindre.

Pétr. — Parce que, peut-être, il ne suit jamais le sentier de la vertu, celui qui, oublieux de lui-même ne sait pas
mettre des bornes à ses plaisirs. Mais celui qui, au milieu des
entraînements des sens et des illusions de la fortune, éprouve
quelque rude coup du sort, se rappelle seulement alors sa
triste condition quand il se sent abandonné par l'attrait déce-
vant de la volupté. Si tous deux devaient avoir une même
fin, je ne sais pas pourquoi on ne considérerait pas ce dernier comme plus heureux, puisqu'il possède présentement
ces jouissances, quitte à les regretter plus tard, que le premier qui ne les a pas actuellement, et ne peut les espérer
dans l'avenir, à moins que vous ne prétendiez qu'en fin de
compte il est plus pénible de rire, que de pleurer.

---

[1] Virg., Enéid., liv. VI, v. 370.

AUG. — Remarque bien cette différence : on peut désespérer du salut de l'un et non pas de l'autre.

PÉTR. — Je veux bien l'admettre. Mais enfin veuillez
répondre à cette question : pourquoi suis-je le seul à qui la
méditation de la mort est inefficace, quand vous affirmez
qu'elle est si avantageuse?

AUG. — D'abord, parce que tu la considères comme bien
éloignée; à cause de la brièveté de la vie, des accidents divers
et imprévus qui surgissent pendant son cours, elle ne doit
pas se faire longtemps attendre. En cela nous nous trompions
tous, suivant Cicéron, qui dit : « Nous ne prévoyons pas la
« mort. » Chacun de nous se propose un long terme, mais
combien peu y parviennent? Personne ne meurt à qui on ne
puisse appliquer ce vers de Virgile : « Il comptait sur une
« belle vieillesse, et de longues années [1]. » Une pareille illusion te séduit peut-être, car ton âge, la vigueur de ta
constitution, l'observation des règles de l'hygiène t'avaient
fait concevoir cette douce espérance.

PÉTR. — N'ayez pas de moi une telle opinion. Que Dieu
me préserve d'une semblable folie! « Moi! me fier à ce
« monstre perfide! » ainsi parle le fameux pilote [2]. Moi, aussi,
je suis ballotté sur les flots immenses, tumultueux, terribles;
ma barque, jouet des vents orageux, périclite sur les récifs,
elle fait eau, et ne peut résister longtemps; je vois que nul
espoir ne me reste, si par la miséricorde du Tout-Puissant,
je ne parviens à imprimer une vigoureuse impulsion au
gouvernail, et trouver mon salut au rivage, afin de mourir
au port, après avoir vogué longtemps, en pleine mer.

C'est à cette pensée que je dois de n'avoir pas été dévoré
de la soif des richesses et de la puissance, dont ont été vic-
times beaucoup de mes contemporains, et grand nombre de

---

[1] Canitiemque sibi et longos promiserat annos.

(En., lib. X, v. 549.)

[2] Enéide, liv. V, v. 849.

personnages d'autrefois qui avaient su cependant mener une existence supérieure.

Quelle démence de passer sa vie dans les tracas et la misère, pour qu'après s'être fatigué à accumuler des richesses, on vienne à mourir subitement! Aussi, est-ce là l'effrayant sujet de mes plus fréquentes réflexions ; je considère la mort non comme éloignée, mais prochaine, mais présente. Je n'ai pas oublié ces deux vers que dans ma jeunesse j'adressais à un de mes amis : « Pendant que nous causons ainsi, la mort « par mille voies vient peut-être envahir notre seuil [1]. » Si dans ma jeunesse je parlais de la sorte, que dirai-je aujourd'hui que l'âge et l'expérience sont venus?

Tout ce que je vois, tout ce que j'entends, tout ce que je sens et pense a trait à la mort, et si je ne m'abuse c'est la question capitale. Alors qui me relie donc?

AUG. — Rends à Dieu d'humbles actions de grâces, lui qui t'a jugé digne d'user de ce frein salutaire et de stimulants aussi efficaces. Il est impossible que celui qui a la pensée de la mort toujours présente à l'esprit, soit puni de la mort éternelle, mais puisque tu sens qu'il te manque encore quelque chose, j'essaierai de te l'obtenir, et cela une fois acquis, s'il plaît à Dieu, absorbé tout entier dans tes pensées, tu pourras alors secouer le joug ancien sous lequel tu gémis encore.

PÉTR. — Plût au ciel que vous réussissiez, et que je fusse jugé digne d'une telle faveur!

AUG. — Tu peux l'obtenir, la chose n'est pas impossible. Mais pour les actes humains deux conditions sont nécessaires, si l'une vient à faire défaut, l'effet est manqué; c'est la volonté qui prime tout, mais une volonté ferme, équipollente au désir dont elle est synonyme ; voici la seconde...

PÉTR. — Voilà ce que je demande, ce que je souhaite de savoir depuis bien longtemps.

..... Forsan loquimur dum talia, forsan,
Innumeris properata viis, in limine mors est.

Aug. — Écoute-moi donc; je ne puis nier que ton âme ne soit d'origine céleste, mais que son union au corps l'a souillée, elle a donc perdu beaucoup de sa noblesse originelle, en un mot elle a dégénéré, mais depuis très longtemps elle est tombée dans la torpeur, oubliant et sa création et son créateur souverain.

Virgile me semble avoir très bien retracé les passions de l'union du corps et de l'âme, et l'oubli de la plus noble partie de l'homme :

« Ils possèdent tous (les animaux), une force ignée, une
« part céleste, portion pure et vive de l'âme universelle; mais
« la matière terrestre dont ils sont composés, sujette à l'alté-
« ration, en produit aussi dans leur âme. C'est l'origine des
« passions, de la crainte, du désir, du chagrin, de la joie.
« Tant que l'âme est emprisonnée dans le corps, elle est
« courbée vers la terre, et offusquée de ténèbres [1]. »

Ne reconnais-tu pas dans ces vers le monstre quadricéphale si hostile à la nature humaine?

Pétr. — Je distingue très clairement la quadruple passion de l'âme, la crainte, l'espérance, la douleur, le plaisir, par qui disparaît la tranquillité d'esprit de l'homme, comme si elle était dispersée par quatre vents contraires.

Aug. — Cette pestilence, jusqu'à présent, t'a beaucoup nui, et t'aurait perdu si tu n'avais lutté contre elle. Car l'âme faible et opprimée par ces décevants mirages, en butte à de nombreuses et incessantes attaques en sens contraire, ne sait à laquelle de ces passions elle doit faire tête, celle qu'elle doit entretenir ou éteindre, ou modérer. Il est une foule de chose auxquelles on ne peut suffire. Il arrive ce qui se passe en un champ où l'on a jeté trop de semences qui se nuisent les unes aux autres. Ainsi de toi, dont l'esprit trop surmené ne peut recevoir les racines du bien d'une manière utile; rien n'y peut fructifier, envahi qu'il est d'une foule de pensées.

[1] Virg., Énéide, liv. VI, v. 730-736.

Sans guide, privé de la possession de toi-même, toujours ballotté en sens contraire, la méditation de la mort ne peut pénétrer les profondeurs de ton âme, et tes bonnes résolutions ne peuvent lutter contre la légèreté de ton caractère; de là vient ce désaccord intérieur, cette révolte contre toi-même, à cause de tes défaillances, que tu détestes, mais que tu ne cherches pas à éviter. Tu connais la voie mauvaise où tu ès engagé, et tu ne peux la quitter. Tu vois le péril qui te menace, et tu ne sais pas le fuir.

PÉTR. — Ah! malheureux que je suis! Vous avez sondé la profondeur de ma blessure; c'est bien là le siège de mon mal, je crains bien qu'il ne soit la cause de ma mort.

AUG. — Rassure-toi, tu es sorti de ton engourdissement. Mais comme nous avons prolongé cet entretien pendant toute la journée sans interruption, gardons pour un temps le silence, demain nous reprendrons notre colloque.

PÉTR. — Le repos apportera un allégement à ma tristesse; le silence me procurera du calme.

Il a fallu un certain courage pour traduire, et une grande dose de bonne volonté pour lire ce spécimen de la doctrine de saint Augustin sur le Libre Arbitre. Qui reconnaîtrait ici le chantre mélodieux de Laure?

Cette première journée si lugubre nous fait voir « qu'à « cette époque les secrets de la mort étaient encore plus recherchés « que les secrets de la vie; et puis, l'idée que l'homme pouvait être « séparé de ce qu'il avait aimé n'avait pas, malgré mille doutes « dont le monde était assiégé, encore approché de l'âme humaine. » (Delécluse.)

Les deux autres journées vont nous offrir un bien autre intérêt.

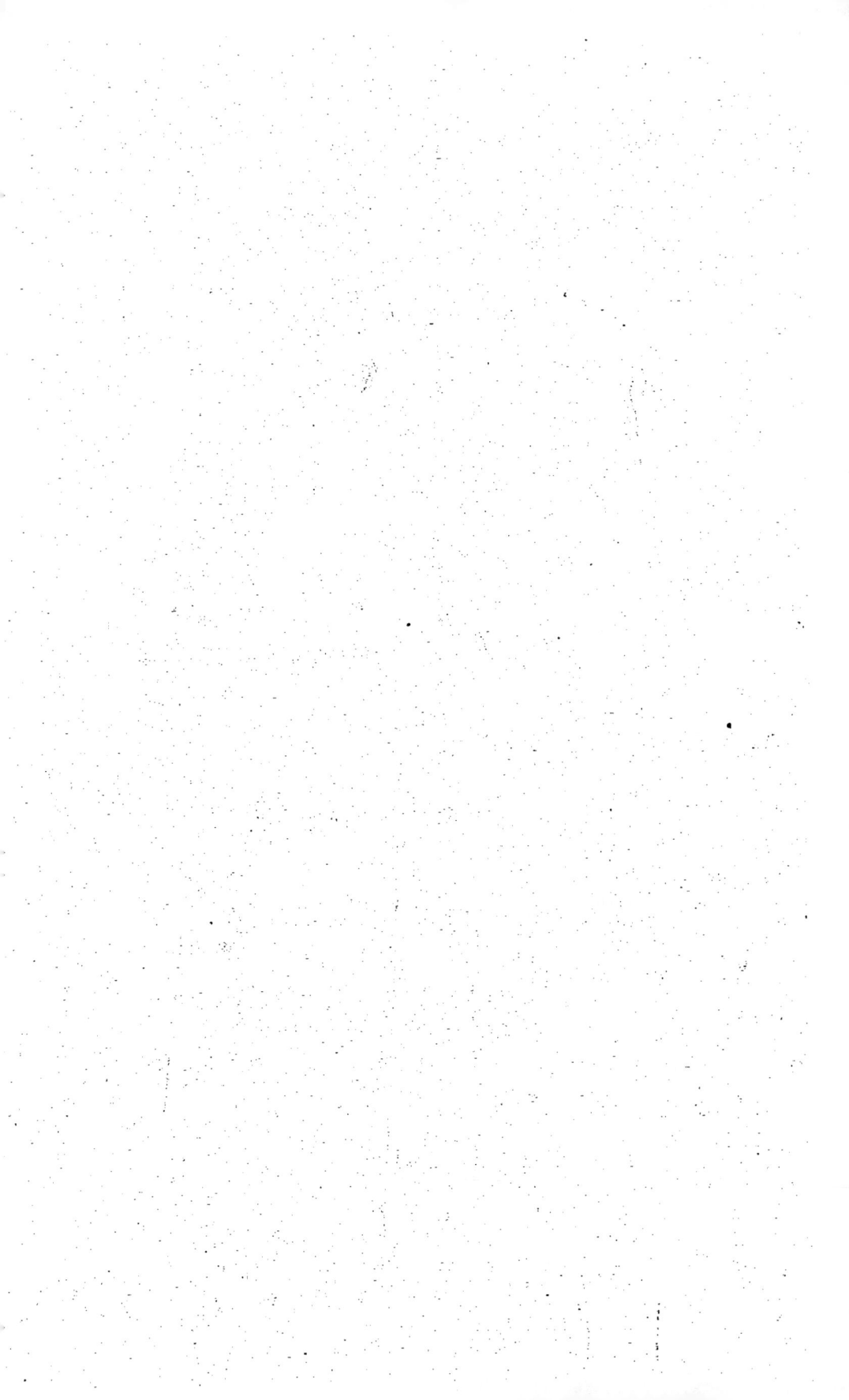

COLLOQUE DU DEUXIÈME JOUR

SAINT AUGUSTIN. — Pouvons-nous reprendre notre entretien?

PÉTRARQUE. — Oui, assurément.

AUG. — Dans quelles dispositions d'esprit te trouves-tu maintenant? As-tu repris confiance? L'homme abattu qui revient à l'espérance est bien près de son salut.

PÉTR. — Ce n'est pas en moi, mais en Dieu qu'est tout mon espoir.

AUG. — C'est parler sagement, mais, je le répète, tu es assailli, circonvenu de toute part, et toi-même ignores de combien d'ennemis puissants tu es le point de mire. Tu es dans la situation d'un homme, qui, voyant de loin une troupe compacte, se fait illusion sur le nombre des ennemis. Puis, quand il s'est approché, que la phalange s'est montrée plus distincte à ses yeux et que l'éclat des armes éblouit sa vue, alors la crainte s'empare de lui; il se repent de n'avoir pas eu, tout d'abord, une frayeur suffisante. Eh bien! je pense qu'il en sera ainsi de toi lorsque j'étalerai à tes regards toutes les misères dont tu es assiégé et tourmenté de mille façons. Tu regretteras de n'en avoir pas assez rougi, ou de ne les avoir pas assez redoutées, comme c'était ton devoir; alors tu cesseras de t'étonner que ton âme, circonvenue de partout, n'ait pas eu la force de se faire jour au travers des bataillons ennemis.

PÉTR. — Je me sens violemment troublé, car, si j'ai toujours reconnu la grandeur du péril, et vous prétendez qu'il est plus grand encore que je ne l'imagine, n'ayant pas eu la crainte suffisante, quel espoir me reste-t-il ?

AUG. — Le pire de tous les maux est la désespérance à laquelle on ne s'abandonne jamais impunément ; en conséquence je t'engage à ne pas t'y laisser aller.

PÉTR. — Je le savais, mais la peur m'en avait fait perdre la mémoire.

AUG. — Maintenant, attention, écoute-moi ; et pour me servir des expressions d'un de tes poètes favoris, je te dirai :

« Voyez ces peuples ligués contre ma personne, renfermés
« dans leurs murailles, ils aiguisent le fer contre moi et les
« miens [1]. »

Considère les pièges tendus par le monde, les fantômes imaginaires dont tu es le jouet, les vaines préoccupations qui t'obsèdent, pour te faire envisager ce vice qui a perdu les plus nobles esprits, et auquel il faut remédier pour ne pas te perdre toi-même. Que de fois ta pensée s'est envolée sur les ailes décevantes de la vanité, et grâce à ton caractère mobile, oublieux de ta faiblesse, tu as été fatigué, surmené, prostré, sans pouvoir te livrer à d'autres idées, plein d'orgueil de ton mérite, qui devrait te rendre modeste, en pensant que tes brillantes qualités ne t'ont été octroyées que par une faveur gratuite dont tu n'as pas le droit d'être fier ! En effet, qui peut rendre plus soumis les cœurs des sujets, non pas seulement du Seigneur Éternel, mais des princes temporels, que la libéralité accordée sans être sollicitée par le mérite ? Or, il me sera facile de te faire comprendre combien sont minces les avantages dont tu te vantes.

Tu fais montre de ton esprit et de ta grande érudition, tu te glorifies de ta faconde, tu te complais dans la beauté de

[1] Virgil., *Énéid.*, liv. VIII, v. 385.

ton corps périssable, mais ne t'aperçois-tu pas des défaillances de ton esprit? Que d'arts dans lesquels tu ne pourrais égaler le talent de l'ouvrier! Bien plus, saurais-tu imiter l'industrie de certains petits animaux? Allons, vante-toi de ton intelligence. A quoi t'a servi ta lecture? De cette immense lecture quel profit en as-tu tiré? Quelles pensées a-t-elle fait germer dans ton esprit? Où en sont les fruits recueillis en temps opportun?

Réfléchis attentivement, tu verras que tes connaissances comparées aux choses que tu ignores sont comme un petit ruisseau, que l'ardeur d'un soleil d'été dessèche, par rapport à l'Océan. Après tout, à quoi sert d'être aussi savant? Quand vous aurez connu et la configuration du ciel et la structure de la terre et le cours des astres et les vertus des végétaux et des minéraux, enfin tous les secrets de la nature, à quoi bon, si vous vous ignorez vous-même? Si, guidé par les écrits des Anciens, vous avez découvert le droit chemin de la vraie sagesse et que vous vous laissiez entraîner par les passions dans les voies obliques, eussiez-vous gardé le souvenir des vertus des grands hommes des siècles écoulés, vous ne veillez pas davantage sur vos actions journalières.

Que dirai-je de l'éloquence? De ton propre aveu n'a-t-elle pas souvent été pour toi pleine de déceptions? Qu'importe d'avoir obtenu l'approbation de tes auditeurs, si tes paroles n'ont pas acquis ton propre assentiment? Car, si les applaudissements de l'auditoire semblent une récompense, qui n'est pas à mépriser, cependant, si l'orateur n'est pas satisfait de lui-même, quelle jouissance peut procurer ces vains bravos de la foule? Comment contenter les autres si on n'est pas content de soi-même? Voilà pourquoi il t'est arrivé souvent d'avoir été frustré de la gloire que tu espérais obtenir par ton éloquence; tu comprendras alors facilement que tu as placé ton orgueil sur des vanités. Qu'y a-t-il, dis-moi, de plus puéril, de plus insensé même, au milieu d'une si grande incurie de toutes choses, et d'un nonchaloir si universel, que de passer son temps à arranger des phrases, sans voir jamais, avec assez de lucidité, ses propres défaillances, et mettre son bonheur à aligner des mots, à l'exemple de certains petits oiseaux, les rossignols, qui, dit-on, s'énivrent tellement de leurs roulades, qu'ils chantent jusqu'à en mourir ? Mais ce qui doit surtout te faire rougir, c'est de ne pouvoir exprimer par des mots les choses vulgaires et usuelles que tu jugeais indignes de ton style, voilà ce qui t'arrive souvent dans ta carrière littéraire. Que d'objets dans la nature auxquels manque le nom propre ! Combien en est-il qui, malgré leur dénomination exacte, ne peuvent figurer convenablement dans un langage relevé ? Tu sens bien, avant d'en avoir fait l'épreuve, que l'éloquence n'est pas d'origine humaine. Que de fois je t'ai entendu te plaindre, je t'ai vu muet et mécontent, parce que ni ta langue, ni ta plume ne pouvaient rendre avec facilité les idées que ton intellect avait conçues claires et faciles? Qu'est-ce donc que cette éloquence si dénuée, si bornée, qui ne peut tout exprimer, et quand même elle embrasserait tout, ne peut rien saisir ?

Vous avez l'habitude de reprocher aux Grecs la pénurie de leur langue, que les Grecs, à leur tour, reprochent à la vôtre. Le romain Sénèque prétend que l'idiôme grec est plus riche que le latin. Mais Cicéron, au commencement de son Traité *de Finibus*, dit : « Je me demanderai toujours avec éton-« nement d'où vient cet étrange dédain pour une des gloires « de la patrie. Ce sujet serait ici déplacé, et j'ai soutenu « souvent que la langue latine, non-seulement n'est point « pauvre, mais qu'elle est même plus riche que la langue « grecque[1]. »

En d'autres passages de ses écrits, et surtout dans les *Tusculanes*, il s'exprime ainsi : « O pauvreté de ta langue, « que tu crois si riche, Grèce orgueilleuse ! »

[1] *De Finibus Bonorum et Malorum*, lib. I, c. III.

Ce grand écrivain dit encore avec une conviction profonde :
« Si un homme se croyait le prince de l'éloquence latine et
« s'il en avait la réputation, ce serait un *casus belli* pour la
« Grèce. » Sénèque aussi, dans ses *Déclamations* comminatoires
contre la langue grecque, partage cette manière de voir.
« Tout ce qui fait valoir, dit-il, la faconde romaine, diffé-
« rente ou supérieure à celle de la Grèce trop infatuée, se
« retrouve dans Cicéron. Gloire immense, mais, sans contre-
« dit, bien justifiée[1]. » Tu vois donc que la suprématie en fait
d'éloquence est fort contestée, non pas seulement entre vous
et les Grecs, mais entre les plus savants d'entre nous, il
existe de graves dissentiments. Nous avons dans notre parti
des gens qui sont pour les Grecs, peut-être aussi y a-t-il
parmi eux des personnes qui nous sont favorables, comme
le fut, dit-on, l'illustre philosophe Plutarque.

Enfin, notre Sénèque, tout en rendant justice à Cicéron,
auquel il reconnaît, comme je l'ai dit, la majesté du beau
langage, accorde cependant, pour le reste, la palme aux
Grecs. Cicéron, lui, semble d'une opinion contraire. Si tu
me demandes mon sentiment à cet égard, je trouve que l'un
et l'autre ont raison quand ils prétendent que la langue
grecque, aussi bien que l'idiome latin, est pauvre d'expressions. Si Rome et la Grèce, les plus illustres des peuples,
sont ainsi jugées, que penser des autres nations ? Après cela,
quelle confiance peux-tu avoir dans ta virtuosité, quand ton
pays, dont tu n'es qu'une infime parcelle, selon toi, ne possède qu'une langue pauvre ? Ne regrettes-tu pas alors d'avoir
dépensé un temps fort long à acquérir une chose impossible
et dont l'acquisition ne ménerait à rien ?

Mais passons à un autre ordre d'idées.

Tu es trop infatué de tes avantages physiques, et tu ne t'a-
perçois pas à quels dangers ils t'exposent. Quels sont donc
les agréments de ta personne ? Est-ce la vigueur ou la bonne

---

[1] Sénèque, *Déclamations*.

santé? Mais rien n'est plus fragile; le moindre trouble produit par les causes les plus légères, l'invasion de maladies de
toute sorte, la piqûre de certains insectes, un simple courant
d'air, que sais-je, peuvent te la ravir. Peut-être que tu te fais
illusion sur l'éclat de ta beauté, de ton teint fleuri, de la
régularité des traits de ton visage dont tu es follement charmé.
Est-ce que l'histoire de Narcisse ne te fait pas trembler?
Cette vile admiration d'organes putrescibles ne t'avertit-elle
pas de ce que tu es intérieurement? Satisfait à l'aspect de
ton enveloppe cutanée, tu ne portes pas au delà les yeux de
l'âme. Fleur caduque et éphémère, ainsi que le prouve le
cours de ton existence bouleversée, et à laquelle chaque jour
enlève quelque chose, ne vois-tu pas là une vérité plus claire
que la lumière du soleil? Et si, par hasard, ce que tu n'ose-
rais prétendre, tu te croyais vainqueur du temps, des maladies et de tout ce qui altère les formes corporelles, au moins
ne devrais-tu pas oublier que tu es soumis à une destruction complète. Et ce vers de Juvénal a dû te faire profondément réfléchir : « La mort seule fait voir combien peu vaut
« un homme [1]. »

Voilà, si je ne m'abuse, les objets de ton orgueil qui t'empêche de sentir la bassesse de ta condition, et de songer à
la mort. C'est sur cela et sur autre chose encore que devrait
se porter ton attention.

Pétr. — Arrêtez, de grâce; si vous m'accablez ainsi je ne
saurai que vous répondre.

Aug. — Eh bien! parle, je t'écoute.

Pétr. — Mon étonnement est extrême, je reconnais bien
que toutes les observations que vous me faites ne m'avaient
jamais frappé. Prétendez-vous que j'ai trop bonne opinion de
mon esprit? La meilleure preuve que je puisse vous donner

---

[1] . . . . Mors sola fatetur
Quantula sint hominum corpuscula.
(Juv., sat. X, v. 172-173.)

de mon peu d'esprit, c'est que je n'ai jamais fait fond sur lui. Est-ce donc que je tire vanité de mon érudition? Cette immense lecture, si elle m'a rendu quelque peu instruit, c'est au prix de rudes labeurs. Ai-je recherché la gloire de l'écrivain, moi qui, comme vous l'observiez il n'y a qu'un moment, suis exaspéré de ne pouvoir trouver des expressions pour rendre mes pensées? Si c'est une épreuve que vous tentez, vous saurez que j'ai toujours eu conscience de mon incapacité. Et si, par hasard, j'ai cru valoir quelque chose, c'est par comparaison avec la nullité des autres; faisant, en ce cas, allusion à ce mot très connu de Cicéron : « Souvent, « nous ne sommes forts que parce que les autres sont faibles. » Et si je possédais ces avantages dont vous parlez, quel profit en aurais-je retiré qui me rendit si fier? Je n'ai pas tellement perdu la mémoire de ce que je suis ; je n'ai pas tellement de vanité que je doive m'en émouvoir. Quelque parti que j'aie tiré de mon esprit, de la science, de l'éloquence, je n'ai pu trouver aucun remède aux maladies dont mon âme est rongée. Je me souviens d'avoir, dans une certaine lettre, traité à fond un pareil sujet. Ce que vous m'avez dit ensuite d'une façon quasi sérieuse relativement à mes avantages physiques, m'a fait sourire. Ainsi, j'aurais mis toutes mes complaisances en ce pauvre corps caduc, tout en considérant les ravages qu'il subissait chaque jour. Bonté du ciel ! Dans ma jeunesse, je l'avoue, je m'occupais du soin de ma chevelure, de l'enjolivement de mon visage ; ce fut l'affaire de quelques années ; mais, aujourd'hui, je reconnais par expérience la justesse de ce mot de Domitien qui, dans une lettre à sa maîtresse, parlant de lui, se plaint d'avoir perdu bien vite sa beauté : « Apprends, lui dit-il, que rien n'est séduisant « comme la beauté, mais aussi que rien ne passe plus promp- « tement. »

Aug. — Je pourrais discourir longtemps sur ce chapitre, mais je préfère que ta conscience, plutôt que mes paroles, te fasse rougir. Je n'insisterai pas; je ne veux pas user de violence pour t'obliger à parler, mais, en contradicteur loyal, je me contenterai, dans une simple discussion, de faire appel à tes meilleurs sentiments afin que tu te rendes à l'évidence, dans la mesure du possible, en y mettant du bon vouloir, pour te faire accepter ce que tu as contesté jusqu'ici.

Si quelquefois la beauté de ta figure vient à te donner de la vanité, songe à ce que deviendra bientôt ce corps qui te plait tant aujourd'hui, comme il sera horrible et dégoûtant, quelle répulsion il te causerait si tu pouvais le voir. Pénètre-toi sans cesse de cette pensée philosophique : « Né pour les « plus nobles aspirations, je suis l'esclave de mon corps. » Le comble de la folie, pour les hommes, est de n'avoir pas souci d'eux-mêmes, et de plier sous le faix de la servitude que leur imposent et le corps et ses membres.

Si une personne, pour un temps très court, était enfermée dans une prison obscure, humide, infecte, empestée, à moins d'être insensée, ne chercherait-elle pas à se préserver du contact des murailles, et du sol souillé d'ordures, et prête d'en sortir, n'écouterait-elle pas d'une oreille attentive la venue de son libérateur? Si, négligeant ces précautions, si, imprégnée de détestables vilénies elle redoutait d'être déli- vrée et s'occupait à orner et embellir les murs de sa prison, ne serait-elle pas, à bon droit, considérée comme une folle, une malheureuse ?

Vous autres mortels, vous savez que vous êtes prisonniers et vous chérissez votre captivité, et voilà, pauvres gens, que vous hésitez à vous délivrer d'un cloaque que vous devriez abhorrer, et que, cependant, vous aimez.

N'as-tu pas mis dans la bouche du père du grand Scipion ces deux vers qu'on lit dans ton poème *Africa* : « Nous haïs- « sons les entraves, et nous méprisons par expérience les fers « qui sont un obstacle à la liberté, notre sort actuel nous plaît[1]. »

---

[1]   Odimus et laqueos, et vincula nota timemus,
    Libertatis onus, quod nunc sumus illud amamus.

(Africa, lib. I, v. 459.)

C'est bien dit, mais tu devrais t'appliquer les paroles que tu prêtes aux autres. Je ne puis te le dissimuler, mais il est une expression que, dans ta réplique, tu as peut-être considérée comme très modeste et qui m'a paru fort orgueilleuse.

Pétr. — Si j'ai eu un accès d'orgueil, je le regrette. Mais j'affirme que ni dans mes actes, ni dans mes paroles, je n'en ai eu l'intention.

Aug. — De tous les genres d'orgueil, le plus insupportable est celui qui consiste à ravaler ses semblables, plutôt qu'à s'élever plus qu'il ne convient; et j'aimerais beaucoup mieux te voir exalter les autres, et te préférer à tous, que mépriser tout le monde, en te couvrant du masque d'un personnage humblement orgueilleux.

Pétr. — A votre aise. Je ne m'abuse pas sur mon mérite non plus que sur celui des autres. J'ai assez d'expérience pour ne pas me hasarder à formuler mon opinion sur les hommes en général.

Aug. — Il est sage de ne pas se priser trop soi-même, il est périlleux et insensé de déprécier les autres. Mais poursuivons. Sais-tu ce qui t'égare encore ?

Pétr. — Dites ce que vous voudrez, pourvu que vous ne m'accusiez pas d'être envieux.

Aug. — Plût à Dieu que tu n'eusses pas plus d'orgueil que d'envie, tu es indemne de ce vice, c'est vrai. Je vais te dire ceux que tu as.

Pétr. — Aucune accusation ne peut désormais me troubler, parlez donc en toute liberté, que me reprochez-vous?

Aug. — La convoitise des biens temporels.

Pétr. — Allons donc ! Jamais je n'ai entendu rien d'aussi absurde.

Aug. — Voilà que tu t'emportes, tu ne tiens pas ta promesse. Il n'est pas question de l'envie.

Pétr. — Non, mais de l'avarice, je ne sais pas s'il y a au monde personne qui en soit plus exempt que moi.

AUG. — Tu es bien empressé à te justifier, tu n'es pas aussi étranger à ce défaut que tu le dis.

PÉTR. — Peut-on me taxer de cupidité !

AUG. — Oui, et même d'ambition.

PÉTR. — Très bien, continuez, faites votre office d'accusateur, portez-moi encore un coup, j'attends.

AUG. — Tu considères comme une accusation, une attaque, ce qui n'est que le témoignage de la pure vérité. Cette pensée de Juvénal est justifiée : « L'accusateur sera celui qui dira la « vérité[1]. » Et ce vers de Térence :

Obsequium amicos, veritas odium parit[2].

Mais, dis-moi, je te prie, si tu n'es pas avare, pourquoi toute cette sollicitude, toutes ces préoccupations qui usent l'âme ? « Quel besoin dans une vie si courte de caresser de si « longs espoirs[3] ? » Tu lis souvent ce vers d'Horace et il ne te frappe pas. Tu répondras, je pense, que c'est par intérêt pour tes amis ; c'est décorer d'un beau nom une erreur. Et puis, n'est-ce pas folie, pour s'attirer l'amitié des autres, de se mettre en hostilité avec soi-même ?

PÉTR. — Je ne suis pas si peu généreux et si peu humain que je ne sois touché de la situation de mes amis, de ceux surtout dont les qualités et les mérites sont une recommandation. Voilà les amis que je considère, que j'estime, que j'aime, et auxquels je cherche à rendre service. D'un autre côté, je ne suis pas prodigue au point de me ruiner pour eux. Mais tant que je vivrai, je songerai à me ménager quelques ressources pour le reste de mes jours. Vous m'attaquez sur ce sujet avec des traits pris dans Horace ; c'est

[1]   Accusator erit qui verum dixerit.
                                (Juv.)
[2] Soyez obséquieux vous aurez des amis, semez des vérités vous recueillerez des haines.
[3]   Vitæ summa brevis spem nos vetat inchoare longam.
                                (Hor., lib. I, od. IV.)

aussi Horace qui me fournira le bouclier : « Puissé-je ne
« jamais manquer de livres, et avoir toujours devant moi
« une année de mon revenu, pour ne pr être réduit à vivre
« au jour la journée [1]. » Et puis, ainsi que le dit le même
poète, j'ai résolu d'avoir une vieillesse honorable autant
qu'agréable. Comme je redoute beaucoup les incommodités
d'une longue vie, je me mets en garde de bonne heure contre
leurs assauts par le culte des muses, tout en m'occupant de
ma petite fortune. Je n'y mets pas trop de sollicitude, car il
est évident que j'agis contraint et forcé.

AUG. — Le soin que tu mets à te disculper me fait voir
combien tu redoutes de passer pour cupide. Pourquoi n'es-tu
pas profondément pénétré de cette pensée de Juvénal :
« A quoi bon se donner tant de peine pour amasser des
« richesses? N'est-ce pas plutôt une fureur manifeste, une
« véritable frénésie, que de vivre dans la misère pour mou-
« rir opulent [2]? »

Il en est ainsi, je crois, parce que tu t'imagines qu'il est
plus beau d'être enseveli dans un linceul de pourpre et pour-
rir dans un tombeau de marbre, en laissant à des héritiers
enrichis une succession contestée. Voilà pourquoi tu accu-
mules des trésors. Peine inutile, et si tu m'en crois, dérai-
sonnable. Quand on examine la nature humaine en général,
on voit qu'elle se contente de peu; mais si tu considères la
tienne en particulier, tu verras qu'on peut être satisfait de
moins encore, si tu n'es pas aveuglé par les préjugés. Le
poète, dans les vers suivants, fait allusion aux habitudes du
peuple, traduisant peut-être sa propre pensée : « Triste ali-

[1] Sit bona librorum, et provisæ frugis in annum
Copia, neu fluitem dubiæ spe pendulus horæ.
(Hor., *Ep.*, lib. I, ep. XVIII.)

[2] Sed quo divitias hæc per tormenta coactas,
Quum furor haud dubius, quum sit manifesta phrenesis,
Ut locuples moriaris, egenti vivere fato?
(Juv., sat. XIV.)

« ment, des fruits sauvages et des racines d'herbes [1]. » Et toi, avoue donc qu'un tel régime serait doux et agréable, si, obéissant aux lois de la nature plutôt qu'à celles du vulgaire insensé, tu vivais de la sorte. Pourquoi te tourmenter et ne pas suivre tes instincts naturels? Depuis longtemps tu étais riche, mais tu ne le seras jamais assez pour t'attirer l'admiration publique. Il te manquera toujours quelque chose, et, en voulant l'obtenir, tu seras entraîné vers l'abîme ouvert par tes convoitises.

Rappelle-toi avec quel bonheur tu allais habiter ta maison des champs, là, loin de tout bruit, étendu sur le vert gazon des prairies, écoutant le murmure des eaux fugitives, ou bien assis sur le sommet des collines escarpées, tu considérais d'un œil indifférent la plaine d'alentour, tantôt à l'abri d'une vallée ombreuse, pris d'un doux sommeil, tu jouissais du repos, objet de tes désirs, l'esprit sans cesse occupé de hautes pensées, avec les muses seules pour cortége, et pourtant, comme le vieillard de Virgile, n'étant jamais seul : « Des rois il égalait l'opulence, rentrant le soir dans sa « chaumière, il chargeait sa table de mets qui ne lui coû- « taient rien [2]. » Au coucher du soleil tu regagnais ta simple demeure, satisfait de ta modeste position, tu te croyais le plus riche des mortels et aussi le plus heureux.

Pétr. — Hélas ! le seul souvenir de ce temps m'arrache des soupirs.

Aug. — Pourquoi soupirer? Quel être assez dépourvu de sens pour te pronostiquer des jours mauvais? Est-ce que tu regretterais d'avoir vécu si longtemps selon les lois de la nature, dont tu t'imaginais être l'esclave? Tu es entraîné avec

---

[1]   Victum infelicem, baccas, lapidosaque corna
       Dant rami, et vulsis pascunt radicibus herbæ.
                              (Virg., Æn., lib. III, v. 649.)

[2]   Regum æquabat opes animis, seraque revertens
       Nocte domum dapibus mensas onerabat inemptis.
                              (Virg., Georg., lib. IV.)

impétuosité par ton esprit, et si tu n'y mets un frein, il te précipitera dans la mort, du jour où tu auras cessé de te plaire à l'alimenter du fruit de tes arbres, à te vêtir simplement, et que tu te dégoûteras de la conversation des villageois. Une cupidité dévorante t'appelle au milieu du tumulte des villes, quand tu jouis largement dans le calme et l'aisance ; l'air de ton visage et tes paroles l'attestent. Dieu a peut-être permis, qu'après avoir passé ton enfance sous une direction étrangère, devenu maître de tes actions, tu te sois préparé bénévolement une vieillesse malheureuse.

J'ai assisté au début de ta jeunesse, alors que tu n'avais ni cupidité, ni ambition pour te tyranniser. Aujourd'hui, pauvre infortuné, que ta conduite a changé ; plus tu avances dans la vie, plus tu recherches avec ardeur un viatique. Que te reste-t-il donc ? Rien, si ce n'est qu'au jour de ta mort, qui peut-être est proche, et sûrement ne peut être éloigné, altéré par la soif de l'or, tu seras surpris penché presqu'inanimé sur le calendrier ; car les intérêts qui s'accumulent de jour en jour, finissent par se multiplier à l'infini, et atteignent un taux délictueux.

PÉTR. — Qu'y a-t-il de répréhensible à prévoir la pauvreté dont sont menacés mes vieux jours, en prenant des précautions quand arrive l'âge improductif?

AUG. — Précautions ridicules, en vérité ! Et puis, quelle incurie absurde ! Se préoccuper outre mesure de ce qui peut-être n'arrivera jamais, ou qui certainement ne sera que de courte durée, et, par contre, oublier ce qui devra nécessairement survenir, et fatalement sans retour. C'est bien là votre damnable habitude, rechercher les choses transitoires et négliger les choses éternelles, en vous retranchant contre la pauvreté sénile derrière ce vers de Virgile, à propos de la fourmi : « Qui craint la pénurie pour sa vieillesse[1]. »

---

[1] . . . atque inopis metuens formica senectæ
(Virg., *Géorg.*, lib. I. v. 186.)

Ainsi, pour t'excuser mieux, tu règles ta vie sur celle de la fourmi, d'après le Satirique latin : « Quelques gens à « l'exemple de la fourmi, redoutent et le froid et la faim [1]. »

Mais si tu te conformes en tout à l'instinct de cet insecte, tu verras qu'il n'y a rien de plus insensé et de plus déplorable que de se réduire à la pauvreté aujourd'hui pour ne pas l'endurer demain.

PÉTR. — Eh quoi donc ! Me conseillez-vous de rester toujours pauvre ? Certes, je ne le souhaite pas, et je le supporterais difficilement si quelque bouleversement de fortune m'y soumettait.

AUG. — Je suis d'avis, qu'en toute condition, on doit rechercher un honnête juste milieu ; aussi, je ne crois pas être obligé de te rappeler les recommandations de ceux qui prétendent que l'homme doit se contenter de pain et d'eau. Celui qui sait borner ses désirs n'est jamais pauvre. Il peut lutter de félicité avec Jupiter. Pourtant je n'affirme pas que le beau idéal de la vie, est l'eau de la rivière et les dons de Cérès. Il y a des maximes superbes que l'homme écoute d'abord avec ennui, ensuite avec horreur. Je veux bien condescendre à ta faiblesse, en te prescrivant, non d'étouffer la nature, mais de la modérer. Ton avoir suffisait à tes besoins, si tu avais su te suffire à toi-même, mais la pénurie dont tu te plains aujourd'hui c'est toi qui l'as créée. Amasser des richesses, c'est amasser des exigences et des soucis. Fatale erreur, triste aveuglement, voir l'âme humaine, en dépit de sa noble nature et de sa céleste origine, négligeant les biens d'en haut, se pâmer devant les métaux de la terre !

Réfléchis, je t'en conjure, avec toute la force dont tu es capable, avant que les rayonnements de l'or n'éblouissent tes yeux, pour considérer combien de fois, dominé par la cupidité, tu as été détourné des hautes méditations vers les

---

[1] . . . . frigusque, famemque,
Formica tandem quidam expavere magistra.
(Juv., sat. VI, v. 361.)

basses aspirations ; ne te semble-t-il pas que, abandonnant les régions étoilées, tu te précipitais du ciel en terre, dans un profond abîme ?

Pétr. — Je le reconnais, et je ne puis dire combien grave a été cette chute.

Aug. — Pourquoi, alors, après une telle expérience, n'es-tu pas saisi de frayeur, et, en te relevant ne remontes-tu pas vers les hauts sommets ?

Pétr. — Je tâche d'y atteindre, mais, subissant, malgré moi, les exigences de la nature humaine, j'en suis détourné. Ce n'est pas sans raison que les anciens poètes assignaient au Parnasse un double sommet, l'un et l'autre consacrés à des divinités différentes : celui-ci à Apollon, qui passait pour le dieu de l'intelligence ; celui-là à Bacchus, qui présidait aux choses matérielles. Si je parle ainsi, c'est grâce aux enseignements de l'expérience et à l'autorité constante des plus savants hommes. Je ne cherche pas à vous faire partager cette manière de voir, sachant bien que la croyance à la pluralité des dieux est ridicule, quoique les poètes l'admettent, et pourtant elle n'est pas tout à fait dénuée de sens, mais, pour moi, je rapporte tout à un Dieu unique, qui prévoit à tout opportunément, et je ne crois pas m'abuser en soutenant que vous pensez de même.

Aug. — Je ne nie pas qu'il en soit ainsi, mais, ce qui me révolte, c'est de te voir employer ton temps d'une façon si indigne. Autrefois tu avais pris la résolution de t'adonner à des œuvres honnêtes, et lorsque tu te livrais à des occupations peu méritoires, tu reconnaissais que c'était un temps inutilement dépensé. Aujourd'hui, tu ne donnes aux bonnes œuvres que les instants dérobés à l'avarice. Quel est l'homme qui, désirant parvenir à l'extrême vieillesse, montre une telle variabilité dans sa conduite ? Mais comment cela finira-t-il ? Où cela aboutira-t-il ? Fixe-toi un terme où t'arrêter, afin de pouvoir respirer. Tu connais cet apophthegme sor' l'une bouche mortelle, à la façon d'un oracle : « A l..... il

« manque toujours quelque chose; il faut pourtant des bornes
« à ta cupidité [1]. » Mais, quelle limite assignes-tu à tes désirs?

PÉTR. — Ni pauvre, ni riche, ni maître, ni esclave, voilà
mon objectif.

AUG. — Il te faut alors dépouiller le vieil homme, te faire
dieu pour que tu n'aies besoin de rien. Ignores-tu que de
tous les animaux l'homme est le plus besoigneux?

PÉTR. — Je l'ai entendu dire souvent, mais je voudrais que
vous m'en rafraîchissiez la mémoire.

AUG. — Vois cet être nu, informe, venant au monde au
milieu des larmes et des vagissements que quelques gouttes
de lait apaisent. Puis tout chancelant, marchant à quatre
pieds, ensuite avec le secours d'une main étrangère, enfin,
vêtu des dépouilles d'autres animaux, dont la chair contribue
à son alimentation. L'esprit débile, le caractère versatile,
assailli par des maladies de toute sorte, le jouet de passions
sans nombre, sans guide pour se conduire, tantôt dans la
joie, tantôt dans les larmes, privé de son libre arbitre, im-
puissant à maîtriser ses penchants, ignorant de ce qui peut
lui être avantageux, n'ayant aucune notion des règles de
l'hygiène et de la diététique. Tandis que les autres animaux
trouvent spontanément la nourriture qui leur convient,
l'homme, lui, est obligé de la conquérir avec une peine infinie. Le sommeil le congestionne, les aliments le gonflent,
la boisson lui trouble la raison, les veilles l'exténuent, la
faim le rend anémique, la soif l'altère; envieux, peureux,
dégoûté de ce qu'il a, regrettant ce qu'il n'a pas, anxieux du
passé, du présent, de l'avenir, orgueilleux dans sa misère,
puis ayant conscience de sa faiblesse, égal aux plus vils insectes; brièveté de l'existence, longévité problématique, iné-
vitabilité de sa destinée, exposition à mille genres de mort,
voilà l'homme.

[1] Semper avarus eget, certum voto pete finem. (Hor.)

PÉTR. — Vous avez réuni toute la série des misères, c'est à vous faire regretter d'être venu au monde.

AUG. — Je t'ai montré l'homme faible et nécessiteux autant que possible, et néanmoins tu t'imagines pouvoir jouir de l'opulence et de la puissance, qui n'ont jamais été accordées pleinement aux Césars, ni à tout autre souverain.

PÉTR. — Qui a jamais dit cela? Qui parle d'opulence, de puissance?

AUG. — N'avoir besoin de rien, n'est-ce pas être absolument opulent? N'être l'esclave de personne, n'est-ce pas le comble de la puissance? Certes, les rois et les maîtres de la terre, quelque riches que je les suppose, n'ont pas tout ce qu'ils désirent. Les chefs d'armée eux-mêmes sont soumis à ceux auxquels ils semblent commander. Leurs phalanges armées les tiennent souvent en échec; ils les redoutent autant qu'ils en sont redoutés[1].

Cesse donc d'espérer des choses impossibles, et content du sort octroyé à l'humanité, résigne-toi à ne jouir que d'une opulence relative, comme à ne posséder qu'une puissance conditionnelle. En agissant ainsi, tu secoueras le joug de la fortune qui pèse même sur la tête des rois, mais tu ne sentiras que tu en es totalement affranchi, qu'après avoir fait litière de toute passion humaine, en te soumettant à l'empire de la vertu. C'est alors que tu seras libre, ne manquant de rien, l'esclave de personne, roi en définitive, et réellement puissant, parfaitement heureux.

PÉTR. — Je regrette le passé, aujourd'hui je désire.... ne rien désirer, mais je suis entraîné par la mauvaise habitude, aussi je sens toujours dans mon cœur un certain vide.

---

[1] Cette réflexion, si profondément vraie, rappelle ce mot d'un de nos célèbres émeutiers : « J'étais leur chef, je fus bien obligé de les suivre. » (Ledru-Rollin.)

Aug. — C'est là, suivant ma thèse, c'est là ce qui t'éloigne de la pensée de la mort, trop occupé que tu es des objets terrestres, au lieu de fixer tes regards sur de plus nobles sujets. Ces attractions mondaines sont la peste de l'âme; si tu veux m'en croire, tu t'y déroberas, ce ne sera pas difficile, il suffit de suivre ton bon naturel plutôt que de céder aux penchants vulgaires pour te diriger et te gouverner toi-même.

Pétr. — Je ne demande pas mieux, mais vous avez parlé d'ambition, veuillez vous expliquer, je vous prie.

Aug. — Pourquoi me demander ce que tu peux faire toi-même? Sonde ton cœur, tu reconnaîtras que l'ambition n'est pas le moindre vice.

Pétr — Il ne m'a donc de rien servi de fuir les cités, les réunions publiques et leurs agissements que je méprisais, pour me confiner dans des retraites champêtres et le silence des bois, preuve de ma répulsion pour de vains honneurs, si, après cela, je dois être accusé d'ambition.....

Aug. — Vous autres mortels vous repoussez bien des choses, non parce que vous les méprisez, mais parce que vous désespérez de les obtenir. L'espérance et le désir se servent mutuellement de stimulant; de sorte que quand l'une se refroidit, l'autre s'attiédit, et lorsque l'un s'enflamme, l'autre s'échauffe.

Pétr. — Quoi donc ! me défendez-vous de concevoir de l'espérance? Les arts libéraux ne sont-ils rien?

Aug. — Je ne parle pas des arts libéraux, assurément, ils n'ont eu autrefois aucune valeur, aujourd'hui surtout ils mènent aux plus hautes dignités, quand on s'étudie à faire la cour aux puissants de la terre, à les flatter, les tromper, les leurrer de belles promesses, de doux mensonges, à l'aide de réticences, de protestations, disposé à supporter tous les déboires; ces artifices et autres semblables te sont étrangers. Persuadé qu'on ne peut changer son caractère, tu t'es livré à d'autres études, avec précaution, il est vrai, et avec prudence;

parce que, suivant Cicéron, combattre contre les dieux, à l'exemple des géants, n'est-ce pas contre nature?

PÉTR. — Adieu les grands honneurs s'il faut les acquérir à ce prix.

AUG. — C'est parler d'or, mais tu ne m'as pas convaincu de ton innocence; tu n'affirmes pas que tu n'as pas désiré les honneurs, quoique tu dises avoir en horreur la peine qu'on a à les rechercher. Ainsi, on peut redouter les fatigues d'un voyage à Rome, et revenir sur ses pas, sans pour cela mépriser Rome. Note bien que tu n'as pas été obligé de ré-trograder, comme tu sembles le croire et tu essaies de me le persuader, et tes pensées ne sont pas tellement cachées que toutes tes actions ne me soient connues. Tu as beau te prévaloir de ton horreur pour les cités et de ton amour pour les champs, ce n'est pas une excuse, mais une quasi-culpabilité. Pour arriver au même but il est plusieurs voies; m'est avis, qu'en effet, tu n'as pas suivi les sentiers battus du vulgaire, et pourtant tu as su donner carrière à ton am-bition par des chemins détournés, tout en ayant l'air de la mépriser. En fin de compte, tu lui as donné satisfaction par ta retraite, ta solitude, ton incuriosité de toutes les choses humaines, par les productions de ton esprit, et qui ont eu, jusqu'à présent, pour objectif, la gloire.

PÉTR. — Vous me poussez au point de ne pouvoir reculer; le temps presse, nous avons nombre de questions à traiter, s'il vous plaît, continuons.

AUG. — Reprenons donc notre sujet. Quant à la gourman-dise je n'en parlerai pas, jusqu'ici tu n'as pas été enclin à ce vice; je ne te reproche pas d'éprouver un certain plaisir à recevoir à table tes amis. De ce côté je n'ai rien à craindre pour toi. Que de fois, fuyant les cités, on retrouve avec bonheur sa maison des champs; là nulle tentation des jouis-sances gastronomiques à redouter. Ce danger écarté tu as été, je l'avoue, observé par moi, dans ta manière de vivre, et j'ai remarqué le plaisir que tu prenais à traiter tes amis et connaissances, sans te départir de la sobriété et de la tempérance.

Quant à la colère, de même je passe outre ; car, souvent si tu avais un juste motif de t'emporter, tu savais bientôt modérer les élans de ton indignation, grâce à ton caractère naturellement doux, te rappelant ce conseil d'Horace : « La « colère est une courte fureur, maîtrisez cette passion, quand « elle n'obéit pas elle commande, imposez-lui un frein, « enchaînez-la pour la gouverner [1]. »

PÉTR. — C'est vrai, j'en conviens, cette réflexion du poète et d'autres maximes philosophiques de ce genre m'ont été très utiles, mais surtout la pensée de la brièveté de la vie. Quelle est cette folie furieuse qui nous fait passer les quelques jours de notre existence parmi les hommes à les détester, et à nous perdre ? Vienne le jour suprême qui éteint dans les cœurs ces flammes pernicieuses, en faisant trève à la haine ; et quoique rien ne soit plus grave que la mort d'un ennemi, nos désirs et nos vœux coupables nous en font les complices. Que gagne-t-on à se perdre et à perdre les autres ? Quel avantage à laisser échapper un temps aussi court que précieux ? Et puis les jours qui nous ont été octroyés, soit pour jouir honnêtement des joies de ce monde, soit pour songer à la vie future, sont à peine suffisants pour ce double but, et quoiqu'ils nous soient dispensés avec parcimonie, il faut en retrancher ce qui est nécessaire à notre usage personnel, et voilà que nous les employons à nous rendre malheureux et à la perte de nos semblables. J'ai su, jusqu'à présent, mettre à profit ces réflexions et pu résister en partie aux entraînements, aussi lorsque je suis tombé ai-je pu me relever. Pour ne pas être emporté par les accès de la colère je n'ai eu besoin, jusqu'à cette heure, d'aucun effort.

AUG. — Comme, de ce côté, je ne crains pour toi, ni pour

---

[1] Ira furor brevis est : animum rege, qui nisi paret,
Imperat ; hunc frenis, hunc tu compesce catena.

(Hor., lib. I, ep. xi.)

ton prochain les dangers d'un naufrage, j'admets sans peine, que, sans aspirer aux *desiderata* des stoïciens qui se targuent d'extirper radicalement les maladies de l'âme., tu te contentes, en ce cas, d'être un péripatéticien mitigé. Laissons cette question pour le moment, je me hâte d'en aborder une autre essentiellement périlleuse, et dont il faut te préoccuper avec soin.

PÉTR. — Bonté du ciel ! Quel danger donc encore ?

AUG. — De quels feux la luxure ne t'a-t-elle pas embrasé ?

PÉTR. — Tellement, que j'en souffre encore cruellement ; j'aurais voulu naître avec l'insensibilité du rocher, et ne pas sentir les aiguillons de la chair.

AUG. — Il y a en toi tout ce qui éloigne des choses divines. La sublime doctrine de Platon nous enseigne que l'âme doit fuir l'ivresse des sens et les transports de l'imagination, s'abstraire dans la contemplation des choses célestes, dont la conséquence est de vous faire voir que vous êtes mortel, pour se relever purifié, sanctifié, libre. Ces pensés te sont familières, car tu m'as déclaré naguère encore que tu lisais avidement les œuvres de Platon, où ces idées se trouvent consignées.

PÉTR. — C'est vrai, avec un ferme espoir et un vif désir d'en profiter, mais ces œuvres écrites dans une langue étrangère, et le départ précipité de mon professeur m'ont empêché de les étudier. Au reste, cette doctrine dont vous parlez, vos ouvrages l'ont fait connaître, ainsi que d'autres auteurs platoniciens.

AUG. — Qu'importe, en définitive, la source où tu as puisé la vérité, sans nier pourtant que l'autorité des écrivains ne soit souvent d'un grand poids ?

PÉTR. — J'ai été vivement frappé des paroles que Cicéron, dans ses *Tusculanes*, met dans la bouche d'un de ses interlocuteurs : « Platon n'apporterait-il point de preuves, que « son autorité me rangerait à son opinion, tant j'ai pour lui

« de déférence [1]. » Souvent, en considérant ce divin génie, je tiens pour injurieuse l'idée du vulgaire ignorant qui le prend pour l'imitateur de Pythagore et le pose en adversaire de la raison. Pour ne pas sortir de ce sujet, je dirai que ce sentiment de Platon m'a semblé conforme à l'autorité, à la raison et à l'expérience, et je suis convaincu que rien n'est plus vrai, ni plus respectable que cette pensée du philosophe. Aussi, quand avec l'aide de Dieu, je me relève, je sens alors une incroyable et infinie douceur, avec l'intuition du bien-être actuel et du malaise passé. Aujourd'hui, que, de tout mon poids, je suis retombé dans mes anciens errements, je sens dans l'amertume de mon âme ce qui m'a entraîné à ma perdition. Le profit que j'en retire désormais, vous en êtes peut-être étonné, c'est de mettre en pratique la doctrine de Platon.

AUG. — Non, je ne suis pas surpris, j'ai été témoin de tes luttes, j'ai assisté à tes défaites et à tes triomphes. Te voilà accablé, j'ai pitié de toi, je te viens en aide.

PÉTR. — Merci de votre affectueuse assistance, car qui peut compter sur le secours humain?

AUG. — Personne, mais la protection divine est toute-puissante. La continence est une faveur spéciale de Dieu qui se plaît à dispenser cette grâce à ceux qui, à force de prières et de larmes, savent la lui demander avec humilité; il ne la refuse jamais à ceux qui l'implorent convenablement.

PÉTR. — Je l'ai tant et si souvent supplié que je crains de l'avoir ennuyé.

AUG. — Jamais avec assez d'humilité, avec assez de discrétion, usant de subterfuges à l'égard de tes passions, suivant l'occurrence. Tu demandais, mais à longue échéance. Je parle par expérience, j'ai agi comme toi. Je disais : Mon Dieu, faites que je sois chaste, mais non tout de suite, attendez un peu, il sera toujours assez tôt, je suis encore dans la

---

[1] *Tuscul.*, lib. I, xxi.

force de l'âge, il faut suivre sa voie, obéir à sa nature, il serait honteux dans la vieillesse de revenir à ces folies juvéniles ; alors j'y renoncerai quand, par l'effet du temps, je ne serai plus apte à ces sortes de choses, et la satiété des voluptés n'en fera plus craindre le retour. En parlant ainsi, tu dois bien comprendre que ta prière a un tout autre objet, parce que demander pour le lendemain c'est négliger la veille.

PÉTR. — J'ai souvent prié avec larmes pour le présent, espérant être exaucé sans retard ; en brisant les liens sensuels, en foulant aux pieds les misères de la vie, j'espérais mon salut, réfugié comme dans un port assuré pour échapper au flot des passions ; mais combien de naufrages ai-je essuyé depuis sur ces mêmes écueils, et voyez combien j'en ai à redouter encore, si l'on m'abandonne !

AUG. — Tu peux m'en croire, quand tu priais il te manquait toujours quelque chose, autrement le souverain dispensateur des grâces t'eût exaucé, témoin l'apôtre saint Paul. Il n'y a qu'une vertu parfaite ou une infirmité incurable qui n'eussent pas été écoutées.

PÉTR. — C'est ma conviction, je prierai donc avec ferveur et sans relâche, je ne rougirai point, je ne me désespérerai point, si le Tout-Puissant, un jour, a pitié de moi en prêtant une oreille bienveillante à mes prières quotidiennes, et si elles sont sincères, il ne me refusera pas, il sera l'auteur de ma justification.

AUG. — Redouble d'efforts, et quand la nuit tu te soulèveras sur ta couche, considère les dangers qui te menacent, et lorsque tu seras en butte à une invasion subite de la chair, lève-toi et implore, sans balancer, le secours de Celui qui peut tout, contre ton attente peut-être il t'assistera. Mets-toi sans cesse en sa présence. Il est bon d'avoir toujours présente cette belle pensée de Platon : « Rien n'éloigne de la « connaissance de la divinité comme les appétits charnels et « les entraînements de la volupté. » Médite-la assidûment, c'est le meilleur conseil que je puisse te donner.

PÉTR. — Vous savez si cette maxime me plaît, car, non
seulement dans les sacrés parvis, mais encore au loin, au
milieu des bois solitaires j'aimais à la répéter. Mais en chan-
geant de lieu, mes idées aussi ont changé, et cette pensée de
Platon m'est revenue en mémoire.

AUG. — Que veux-tu dire? explique-toi.

PÉTR. — Vous savez au milieu de quels périls Virgile conduit son héros pendant cette nuit terrible qui consomma la
ruine de Troie.

AUG. — Je les connais, on les explique dans toutes les
écoles ; Enée lui-même fait le récit de cette catastrophe dont
il est victime :

« Qui pourrait peindre le carnage de cette cruelle nuit ?
« Qui pourrait verser assez de larmes pour déplorer un si
« affreux désastre? Une ville puissante et fameuse depuis des
« siècles est détruite. Les nombreux cadavres de ses habi-
« tants gisent massacrés dans les maisons, les rues et les
« temples. Cependant les Troyens ne périssent pas seuls dans
« le massacre, et les Grecs victorieux succombent aussi. On
« n'entend que des cris déchirants, et la mort offre partout
« son épouvantable image [1]. »

PÉTR. — Or, tant qu'Enée, accompagné de Vénus, erra
parmi les meurtriers et l'incendie, quoiqu'il eut les yeux ou-
verts, il ne put voir la colère des dieux offensés, et le poète,
malgré son génie, ne vit que le côté matériel. Mais lorsque la
déesse se fut retirée, vous savez ce qu'il advint ; c'est alors
que Virgile montre la face irritée des dieux et constate partout
le péril. « On voit, dit-il, la face courroucée des dieux de
« l'Olympe, ennemis de Troie. » D'où j'ai tiré cette conclusion que la société de Vénus vous privait de la présence de
la divinité.

AUG. — A merveille, tu as découvert la vérité sous le voile
de l'allégorie. C'est ainsi que les fictions poétiques vous

[1] Virg., Eneid., lib. II, v. 360.

mènent à la connaissance du vrai par des moyens détournés ; nous reviendrons plus tard sur ce sujet, ce sera pour la fin.

PÉTR. — Pour ne pas m'engager sur un terrain inconnu, dites-moi où vous voulez aller ?

AUG. — Je n'ai pas encore sondé les plaies les plus profondes de ton âme, j'ai mes motifs pour l'ajourner, je veux que mes dernières paroles restent gravées dans ta mémoire. Dans un autre entretien nous traiterons amplement de tes appétits charnels. A moins que tu ne sois réfractaire à la raison, il n'y a plus matière à discussion.

PÉTR. — Rien ne me serait plus agréable que de voir toute cause de contestation bannie de la terre. Aussi, j'ai toujours très bien compris, lorsque volontiers discutant comme on le fait entre amis, le débat prenait un caractère d'aigreur et d'animosité tout à fait contraire aux habitudes de bonne camaraderie. Mais continuez, et dites-moi en quoi je vais être d'accord avec vous.

AUG. — Tu es atteint d'une effroyable peste de l'âme que les modernes nomment acidie, et les anciens hypocondrie (lypémanie).

PÉTR. — Le nom seul de cette maladie me fait frémir.

AUG — Et pourtant ce mal t'obsède depuis longtemps.

PÉTR. — C'est vrai, cela m'arrive toutes les fois que j'éprouve quelque affliction, avec un mélange d'âcre plaisir. Pris de cet accès de tristesse, tout me semble amer, misérable, horrible, tout me conduit au désespoir, et tout ce qui pousse les âmes souffrantes au suicide, je le ressens; voilà les assauts fréquents, instantanés, quoique passagers que me livrent mes autres passions. Entre temps, cette peste s'attache à moi avec tant de ténacité que j'en suis accablé et le jour et la nuit. Il me semble qu'alors je ne jouis ni de la lumière ni de la vie, mais que je suis plongé dans la nuit du Tartare, subissant l'horrible angoisse de la mort, et, ce qui est le comble du malheur, j'éprouve une sorte de volupté au milieu de ces tristesses et de ces douleurs, au point de ne vouloir pas en être délivré.

Aug. — Tu connais parfaitement ton mal, il s'agit d'en connaître la source. Dis-moi, quel est en ce moment le sujet de ta tristesse? Sont-ce les vicissitudes temporelles, les douleurs physiques, ou quelqu'autre atteinte fâcheuse de la fortune?

Pétr. — Rien de semblable ; si j'avais à lutter contre de telles extrémités, isolément, j'y résisterais bravement, mais aujourd'hui je suis assailli par toute une escouade de misères.

Aug. — Explique-toi plus clairement sur tes chagrins.

Pétr. — Chaque fois que je suis en butte à un coup du sort, je résiste sans faiblir, et je me souviens que souvent ses attaques ont été rudes, et pourtant j'en sortais victorieux. Mais s'il redoublait ses assauts, je me sentais chanceler, et s'il revenait à la charge trois, quatre fois, je ne me contentais pas seulement de battre en retraite, je me réfugiais prudemment dans la citadelle de la raison. Et si dans ce fort la fortune m'assiège avec toute sa milice, en me faisant voir les misères de la condition humaine, en me rappelant toutes mes souffrances passées, et celles qui m'attendent à l'avenir, alors, enfin circonvenu de toutes parts, rempli de terreur à la vue de ces maux innombrables, je pousse des gémissements. Je sens une violente douleur, comme quelqu'un entouré d'ennemis sans nombre, sans espoir de leur échapper ou d'obtenir merci, sans consolation ; tout ce qui l'environne lui est hostile, les épées brillent, le regard des assaillants le menace, il n'a plus qu'à se préparer à mourir. Qui n'aurait peur, qui ne verserait des larmes, même après ces dangers passés? car la perte de la liberté est pour les hommes de cœur le plus triste des malheurs.

Aug. — Voilà une tirade passablement alambiquée, je crois comprendre cependant que tu as le jugement oblitéré, c'est la cause des maux innombrables dont tu as été affligé autrefois, aussi bien qu'aujourd'hui. Tu as mauvaise opinion de toi-même.

PÉTR. — Oui, très mauvaise, cela tient à plusieurs causes.

AUG. — Tu es dans le même cas que ceux qui, ayant reçu une offense quelque légère qu'elle soit, se rappellent toutes les inimitiés passées.

PÉTR. — Je n'ai reçu aucune blessure ancienne pour que je l'oublie, toutes sont assez récentes pour faire mon tourment, et si le temps avait pu les cicatriser, la fortune savait presque toujours trouver le moyen de s'y opposer. Ajoutez mon mépris pour ma condition humaine, tout me déplaît, aussi je ne puis manquer d'être fort triste. Je ne m'occupe guère du nom que vous donnez à cette maladie, appelez-la accidie, hypocondrie, lypémanie, il ne m'importe, je ne vois que le résultat.

AUG. — Le mal, à ce qu'il me semble, est fortement enraciné, il ne suffit pas de le détruire à la surface, il repullulerait bien vite, il faut l'arracher entièrement. Je ne sais par où commencer, tant de choses m'épouvantent. Mais pour faciliter ma tâche, je procéderai par le détail. Dis-moi, qu'est-ce qui te cause le plus de peine ?

PÉTR. — Tout ce que je vois, tout ce que j'entends, tout ce que je ressens.

AUG. — Ainsi rien ne te plaît.

PÉTR. — Rien, ou presque rien.

AUG. — Plût au ciel que tu prisses plaisir aux choses salutaires. Mais, dis-moi ce qui te déplaît le plus ? Est-ce ce que j'ai appelé acidie qui te fait te haïr toi-même ?

PÉTR. — Le reste de l'humanité m'est tout aussi antipathique.

AUG. — Tout cela vient de la même source, mais procédons par ordre ; est-ce que ce qui t'est personnel te déplaît autant que tu le dis ?

PÉTR. — Assez, voilà quatre interrogatoires que vous me faites subir.

Aug. — Tu méprises ce qui pour tant d'autres serait un objet d'envie.

Pétr. — Il faut être bien malheureux pour porter envie à un malheureux.

Aug. — Voyons, qu'est-ce que tu détestes le plus?

Pétr. — Je ne sais.

Aug. — Si je te le dis, en conviendras-tu?

Pétr. — Oui, bien franchement.

Aug. — Eh bien ! tu es exaspéré contre la fortune.

Pétr. — Pourquoi ne la haïrais-je pas, puisqu'elle est impitoyable, violente, aveugle, se jouant des pauvres humains?

Aug. — Reproche banal, en vérité, ce sont les injures personnelles qu'elle t'a faites que je veux connaître. Si tu te plains à tort, tu voudras bien revenir à résipiscence.

Pétr. — Vous aurez bien de la peine à me persuader, et si vous y parvenez je me résignerai.

Aug. — Penses-tu que la fortune a été avare à ton égard?

Pétr. — Elle a été très amère, bien plus, très injuste, plus encore, très sévère, enfin très cruelle.

Aug. — On trouve dans le poète comique grand nombre de personnages qui se plaignent ; toi aussi tu es de ce grand nombre, j'aimerais mieux que tu fusses du petit. C'est assez disserter.

Ne pourrais-tu pas, pour une maladie ancienne, user d'un remède ancien? Voyons, est-ce que la pauvreté n'amène pas toujours la faim, la soif, le froid?

Pétr. — La fortune ne m'a pas encore réduit là.

Aug. — Que de gens endurent tous les jours ces extrémités !

Pétr. — Indiquez-moi un autre remède, si c'est possible, celui-là m'est absolument inutile. Je ne suis pas de ces gens qui dans leurs malheurs sont contents de voir autour d'eux de pauvres diables qui souffrent et qui pleurent. Je gémis sur les misères d'autrui comme sur les miennes.

Aug. — Je ne demande pas que tu t'en réjouisses, mais je voudrais que ce fût un motif de consolation. C'est en considérant le sort des autres qu'on apprend à être content du sien. Tout le monde ne peut pas être au premier rang. Or, il ne peut y avoir de premier s'il n'y a pas de second. Mortels, vous devez être satisfaits, quand vous n'êtes pas réduits au dernier dénûment par les vicissitudes de la fortune, de jouir d'une heureuse médiocrité; pourtant si vous tombez en de pareilles infortunes, il est des remèdes violents dont il faut user. Et toi, en ce moment, tu ne subis que légèrement les rigueurs du sort.

Ce qui vous entraîne dans ces calamités, c'est l'oubli de votre propre condition, l'aspiration à de hautes destinées, que tous ne peuvent atteindre, comme je le disais, de là vos ressentiments quand vous avez échoué. Si les hommes connaissaient les tourments du rang suprême qu'ils convoitent si ardemment, ils en auraient horreur. J'en ai pour témoins ceux que nous voyons arrivés au pinacle par des peines sans nombre, et maudissant bientôt l'accomplissement de leurs vœux trop bien exaucés. Ces faits sont notoires pour tout le monde, pour toi surtout. L'expérience a dû t'apprendre combien est pénible, laborieuse et en fin de compte misérable l'existence qui mène aux grandeurs. De là vient qu'on se plaint sur tous les tons, aussi bien lorsqu'on a obtenu ce qu'on souhaitait, on se lamente tout comme lorsqu'on a échoué. Dans le premier cas on se croit lésé, dans le second, dédaigné. Suis donc ce conseil de Sénèque : « Si tu « regardes ceux qui sont devant toi, songe aussi à ceux qui « sont derrière. Si tu veux plaire à la divinité et te rendre « la vie agréable, pense au grand nombre de ceux que tu « devances, et, ajoute le même philosophe, bon gré, mal gré, « mets des bornes à tes désirs. »

Pétr. — Depuis longtemps je me suis fixé des limites certaines et assurément très modestes, si je ne m'abuse. Mais dans notre siècle sans retenue et sans moralité, si vous êtes modéré, on vous traite d'incapable, d'indifférent, de lâche.

AUG. — Les propos du vulgaire sont-ils faits pour te troubler le jugement? Ne sont-ils pas la plupart du temps erronés, ne présentant jamais les choses sous leur vrai jour? Si je me rappelle bien, tu les as toujours méprisés.

PÉTR. — Je n'ai de ma vie méprisé la vile multitude davantage qu'en ce moment, soyez-en certain ; ce qu'elle pense de moi je m'en soucie peu, je ne fais pas plus de cas de son opinion que de celle des brutes.

AUG. — Comment cela?

PÉTR. — Je vois avec peine qu'aucun de mes contemporains, à ma connaissance, n'a formé de souhaits plus modestes que les miens, et nul d'entre eux n'a vu ses désirs accomplis avec autant de difficulté que les miens. Je n'ai jamais ambitionné une situation trop élevée ; j'en prends à témoin Celle qui nous voit, comme tout ce qui se passe dans le monde, et qui a toujours lu dans mon âme, je ne croirai pas, quand je me prends à considérer les diverses situations de la vie de l'homme, que la souveraine sérénité de l'esprit, préférable, selon moi, à tous les biens de la terre, gît dans le comble de la fortune. En conséquence, les inquiétudes, les tourments d'une existence sans cesse agitée, incapable de modération, m'ont toujours été antipathiques. Aussi, je donne toute mon approbation à cette réflexion d'Horace :
« Celui qui chérit la médiocrité précieuse comme l'or, vit
« tranquille ; il n'habite ni sous un toit misérable, ni dans
« un palais envié [1]. »

Et puis cet autre passage me plaît autant par le fond que par la forme : « La cime élevée des pins est sans cesse
« battue par les vents. Les hautes tours sont celles qui s'é-
« croulent avec le plus de fracas ; et la foudre frappe les
« plus hauts sommets [2]. »

[1] Hor., lib. II, od. x.
[2] Hor., lib. II, od x.

Hélas ! cette heureuse médiocrité je n'en ai jamais joui.

AUG. — Et, si ce que tu prends pour de la médiocrité était pour toi mieux que de la médiocrité ? Et, si cette véritable médiocrité était depuis longtemps en ta possession ? Si tu vivais dans l'abondance ? Enfin, si tu n'en as fait nul cas, n'es-tu pas pour beaucoup de gens un objet d'envie plutôt qu'un sujet de mépris ?

PÉTR. — S'il en était ainsi..... mais je crois tout le contraire.

AUG. — O aberration de jugement ! Voilà précisément la cause principale de tous tes maux, ce n'est pas douteux ; il faut fuir ce Charybde à force de voiles et à force de rames, comme dit Cicéron.

PÉTR. — Mais où fuir ? De quel côté diriger ma barque ? Que voulez-vous que je pense en voyant tout ce que je vois ?

AUG. — Tu ne portes tes regards que devant toi, mais si tu les dirigeais en arrière, tu verrais une foule innombrable te suivre, tu es plus près du premier rang que du dernier, mais une sorte de timidité, et aussi certains préjugés, ne te permettent pas de regarder en arrière.

PÉTR. — Je me suis bien détourné, et j'ai vu derrière moi une multitude de gens, aussi je ne me suis pas plaint de mon sort. Mais je crains les embarras sans nombre, et les ennuis qu'ils causent, et je répéterai après Horace : « Pourvu « que je vive au jour la journée [1]. » Libre de tout souci, de ce côté, ce que je possède me suffit amplement, et je dirai volontiers avec le même poète : « Savez-vous, ami, ce que je « demande aux dieux ? De conserver le peu que je possède, « et moins encore, de vivre pour moi le reste de mes jours, « si les dieux permettent qu'il m'en reste [2]. » Je suis toujours inquiet de l'avenir, l'esprit en suspens, je ne jouis

[1] Hor., *Ep.*, lib. I, epist. xviii.
[2] Hor., *Ep.*, lib. I, epist. xviii.

jamais des bienfaits de la fortune, enfin, vous le voyez, je vis pour les autres, ce qui est le comble de la misère. Et Dieu veuille qu'après avoir passé une vieillesse tranquille, ma vie ayant été sans cesse exposée aux orages, j'aille mourir au port.

Aug. — T'imagines-tu que, mêlé aux vicissitudes humaines, parmi les péripéties sociales, au milieu des variations et des obscurités de l'avenir, en un mot, sous la dépendance du destin, tu seras le seul au monde à vivre exempt de chagrins ? Pauvre mortel, vois donc ce que tu désires, songe donc à ce que tu demandes ! Tu te plains de n'avoir pas vécu pour toi ; ce n'est pas une preuve de besoin, mais de servitude, qui, si tu jettes tes regards autour de toi, t'apprendra qu'il est peu d'hommes qui vivent pour eux-mêmes. En effet, ceux qui passent pour les plus heureux et dont l'existence d'une foule de gens dépend, passent leur vie dans des veilles et des travaux continuels, prétendant avec raison ne vivre que pour les autres. De fait je veux t'en donner un exemple frappant. J. César avait souvent à la bouche cet axiome aussi outrecuidant que vrai : « Le genre humain n'existe que « pour quelques privilégiés. » Cependant, malgré cela, il ne vécut pas pour lui, mais pour les autres. Et ces autres, quels sont-ils ? Ceux sans doute qui l'ont assassiné, un Brutus, un Cimber et tous les autres conjurés, dont il ne put assouvir la cupidité, lui, le plus généreux des hommes.

Pétr. — Vous m'avez fort impressionné, j'en conviens, à tel point que je serais fâché d'être ou pauvre ou esclave.

Aug. — Tu devrais plutôt regretter de ne pas posséder la sagesse, qui seule peut donner la liberté et les vrais biens.

Maintenant, dis-moi ce qui te tourmente le plus en dehors de ce que nous avons déjà dit ; est-ce la fragilité du corps, ou un chagrin secret ?

Pétr. — Mon corps m'a toujours été à charge, quand j'y réfléchis, mais en observant la pesanteur des autres corps, je reconnais que je possède un esclave assez obéissant ; puissé-je, avec le bon plaisir de Dieu, me vanter d'en faire autant de mon caractère, c'est lui, au contraire, qui commande.

AUG. — J'en reviens à tes souffrances corporelles, de quoi te plains-tu ?

PÉTR. — De ce dont se plaignent communément les autres hommes ; la douleur est leur partage, ils en sont écrasés, elle empêche l'esprit de s'exercer, et vous soumet à une foule de nécessités humaines trop longues à énumérer, et surtout trop pénibles.

AUG. — Calme-toi, je te prie, et souviens-toi que tu es un homme ; quand tu auras fait trève à ces préoccupations, si quelqu'autre chose t'inquiète, explique-toi.

PÉTR. — Vous n'avez peut-être jamais connu les rigueurs de la fortune, cette marâtre à mon égard, elle m'a, en un seul jour, frappé, désespéré, ruiné entièrement, détruit ma maison, ma famille impitoyablement.

AUG. — Je vois couler tes larmes, aussi je passe outre ; ce n'est pas des préceptes qu'il te faut, mais des conseils que je te donne. Si tu passes en revue les catastrophes qui ont affecté les familles privées, que diras-tu donc des désastres célèbres qui, dans tous les siècles, ont atteint les empires ? La lecture de ces événements tragiques doit être pour toi un enseignement suffisant pour te consoler de la perte de ton humble toit quand tant de royales demeures ont été la proie des flammes. C'est un vaste champ ouvert à tes méditations ultérieures ; continue.

PÉTR. — Pourrai-je dépeindre en traits assez frappants les ennuis et les déboires quotidiens dont mon existence est abreuvée dans ce coin le plus triste et le plus bruyant de la terre, dans cette sentine étroite et reculée où viennent s'enfouir toutes les immondices de l'univers [1] ? Qui jamais pourra

[1] Avignon.

rendre le dégoût qu'elle inspire, ses rues infectes, remplies
de chiens enragés, de porcs immondes? Des chariots
bruyants ébranlent le sol des maisons; le va-et-vient incessant de carrosses à quatre chevaux, une foule bariolée,
l'aspect de mendiants hideux, les folies extravagantes des
riches, ceux-ci nageant dans les joies et les voluptés, ceux-là
accablés de tristesse, enfin, les opinions divergentes, les actes
en désaccord, le bruit confus de mille voix, une population
anxieuse et se troublant à l'envi, voilà ce qui met le désarroi
dans les meilleurs esprits, leur enlève la tranquillité et
devient un obstacle à l'étude des Belles-Lettres. Que Dieu
préserve ma barque d'un tel naufrage; quand je regarde
autour de moi, il me semble que je suis descendu en enfer.
Allons, mon âme, livre-toi à d'honnêtes pensées. « Va donc,
« ô mon poète, à toi les vers ronflants [1]. »

Aug. — Ce vers d'Horace m'indique le sujet de tes plaintes;
tu as pris en aversion cette ville qui t'empêche de te livrer à
tes études. Parce que, ajoute l'ami de Mécène, « les amants des
« Muses préfèrent les bois aux fracas des villes qu'ils fuient. »

Toi-même, dans une certaine épître, tu as exprimé en
d'autres termes la même pensée : « Les forêts plaisent aux
« Muses, les cités sont odieuses aux poètes. »

Le jour où tu sauras te rendre maître des agitations de ton
esprit, ce tapage qui t'obsède, tu peux m'en croire, n'agira
que sur tes sens et n'affectera pas ton âme. Mais pour ne
pas te fatiguer les oreilles de citations connues, tu as une
lettre remarquable de Sénèque sur cette matière, ainsi que
son traité sur la *Tranquillité de l'âme*, de plus, pour la guérison de cette maladie mentale un excellent livre de Cicéron,
les *Tusculanes*, dans un de ses derniers entretiens avec son
ami Brutus.

Pétr. — Vous savez avec quelle attention je les ai lus.

I nunc, et versus tecum compone canoros.
(Horat., *Ep.*, lib. II, epist. II.)

AUG. — Eh bien ! n'en as-tu retiré aucun profit ?

PÉTR. — Aucun. Après l'avoir beaucoup lu, le livre une fois sorti de mes mains, il ne m'en est rien resté.

AUG. — C'est l'habitude de la plupart des lecteurs ; de là vient la très grande culpabilité de cette tourbe de littérateurs qui, monstruosité exécrable, discutent dans les écoles sur l'art de bien vivre, sans vouloir y conformer leur conduite. Pour toi, si tu avais pris note des passages remarquables, tu aurais retiré beaucoup de fruit de tes lectures.

PÉTR. — Comment, des notes ?

AUG. — Oui, lorsque tu lis, si des pensées salutaires se rencontrent capables de stimuler ton esprit ou de le refréner, ne te fie pas à ton imagination, mais grave-les profondément dans ta mémoire, sache te les rendre familières en les méditant. Fais comme les médecins expérimentés qui, en temps et lieu, savent trouver dans leur mémoire, comme s'ils y étaient enregistrés, les remèdes urgents que réclame une maladie survenue inopinément. L'esprit comme le corps a ses souffrances pour la guérison desquelles tout atermoiement est mortel, tout remède différé ôte tout espoir de salut. Personne n'ignore, par exemple, qu'il survient des perturbations si instantanées, à moins que la raison ne vienne dès le principe en entraver le cours, que le corps et l'âme, c'est-à-dire, l'homme tout entier, sont perdus, et tout remède qu'on leur oppose trop tardivement est inutile.

En première ligne il faut, je pense, placer la colère.

Ceux qui ont divisé l'âme en trois parties, admettent, non sans motif, que la raison occupe la place supérieure. La raison siège au cerveau comme dans une citadelle, la colère occupe la poitrine, les passions basses, d'après eux, ont élu domicile dans la partie inférieure du corps, afin que les accès violents de ces pestes ignobles soient aussitôt arrêtés, quand du haut de son refuge elle sonne l'alarme, et comme la colère exige une répression plus prompte, il était nécessaire que la raison fût plus à sa portée.

Pétr. — A merveille, ma propre expérience confirme vos observations.

Aug. — Pour te préserver de ces mouvements tumultueux de l'âme, sois toujours sur tes gardes. Lorsqu'il t'arrivera au milieu d'une lecture sérieuse de rencontrer des passages utiles, comme je te le disais il n'y a qu'un instant, prends des notes exactes afin qu'ils ne s'échappent pas de ton esprit, par ce moyen tu resteras fort contre tes tristesses et tes afflictions qui sont comme une ombre pestilentielle pour la vertu, empêchant l'esprit de germer et de produire. C'est, dit élégamment Cicéron, la source et le point de départ de tous les maux. Certes, si tu observes attentivement toi-même et les autres, tu verras qu'il n'est pas un être humain qui n'ait de fréquents sujets de pleurer ; tu sentiras que le souvenir de tes fautes te rendra nécessairement triste et chagrin, c'est, du reste, le seul genre de tristesse qui soit salutaire, pourvu qu'elle ne soit pas poussée jusqu'au désespoir. Tu conviendras alors que la bonté céleste t'a gratifié de dons nombreux et précieux devenus pour toi un motif de consolation et de joie au milieu de la foule qui se lamente et gémit. Aussi, pour mettre fin à ces plaintes, songe que jusqu'ici tu n'as pas vécu pour toi, que tu habites une cité bruyante, insupportable, les plus grands hommes ont proféré de semblables plaintes, tu reprendras courage en pensant que c'est de ta propre volonté que tu es entré dans ce labyrinthe, et que de ton propre mouvement tu en peux sortir quand tu auras commencé à vouloir. Tu en prendras aisément ton parti, d'ailleurs on s'accoutume à tout. Tes oreilles s'habitueront aux clameurs de la multitude, comme au murmure d'une cascade qui n'est pas sans charme. Mais, comme je l'ai dit, tu n'obtiendras ce résultat que si tu parviens à maîtriser les mouvements de ton âme. C'est en vain que des nuages extérieurs environnent un esprit calme et serein, que le fracas du dehors essaie de le troubler. Pour toi, assis en toute sécurité sur le rivage, à l'abri des tempêtes, tu assisteras au naufrage des autres, et silencieux tu entendras leurs cris de désespoir; quelque digne de compassion que soit un pareil spectacle, tu te féliciteras d'être en sûreté en voyant le péril d'autrui [1]. J'ai la certitude qu'alors tu banniras toute tristesse.

PÉTR. — Quoique je me sente vivement harcelé, surtout par votre prétention à croire qu'il est facile d'abandonner les cités, et que j'en suis absolument le maître, je veux cependant, tout en avouant que vous avez raison sur beaucoup de points, avant de m'avoir vaincu, déposer les armes.

AUG. — Tu peux alors, faisant trève à ta mélancolie, te réconcilier avec ta fortune.

PÉTR. — Je le puis en effet, si la fortune n'est pas un vain mot. Vous le savez, il y a, à ce sujet, une grande différence dans la manière de voir entre le poète grec (Homère), et notre poète latin (Virgile). Le premier n'a jamais daigné nommer la fortune dans ses écrits, comme s'il n'avait pas cru à son existence. Le second prononce souvent son nom, et dans un passage il la qualifie d'omnipotente. Un illustre historien, en même temps orateur de grand mérite, Salluste, partageant son opinion, dit que tout événement est soumis à la fortune. Cicéron ne craint pas d'affirmer qu'elle est la souveraine des actions humaines. Quant à mon sentiment, ce n'est peut-être ni le moment ni le lieu de le formuler. En définitive, les avis que vous m'avez donnés dans cet entretien

[1] Ce passage n'est que la paraphrase des vers magnifiques du poème de *Lucrèce*, si heureusement traduit par M. de Pongerville.

Suave, mari magno, turbantibus æquora ventis, etc., etc.

« Quand l'Océan s'irrite agité par l'orage,
« Il est doux, sans péril, d'observer du rivage
« Les efforts douloureux des tremblants matelots
« Luttant contre la mort sur le gouffre des flots,
« Et, quoiqu'à la pitié leur destin nous invite,
« On jouit en secret des malheurs qu'on évite. » Etc., etc.

(*De Natura Rerum*, lib. II.)

m'ont été fort utiles, à tel point qu'en comparant mon état à celui de la plupart des autres hommes, il me semble que je suis moins malheureux que par le passé.

Aug. — Je suis ravi de t'avoir rendu service, et je désire t'en rendre plus encore. Mais comme ce colloque a duré assez longtemps aujourd'hui, remettons à demain le troisième.

Pétr. — J'accepte très volontiers le nombre trois, non pas seulement à cause des trois Grâces, mais parce qu'il est très agréable à la Divinité. Or, vous-même, et tous ceux qui ont des principes religieux pensent ainsi ; les philosophes païens ont aussi ce nombre en vénération, et mon cher Virgile ne dit-il pas : « Dieu aime le nombre impair [1] ? »

Ce qui précède avec ce qui va suivre, constituera donc une Trilogie, et c'est de vous que j'attends cette faveur.

---

[1] Numero Deus impare gaudet.
(*Egl.*. VIII, v. 75.)

COLLOQUE DU TROISIÈME JOUR

———

SAINT AUGUSTIN. — Si, jusqu'ici, tu as tiré quelque profit de mes paroles, je te prie et te supplie de prêter une oreille docile à ce qu'il me reste à te dire, sans discussion ni contradiction de ta part.

PÉTRARQUE. — Vous pouvez y compter; d'autant que je me sens, grâce à vos conseils, délivré d'une grande partie de mes inquiétudes; je suis donc tout préparé à écouter ce qu'il vous reste à me dire.

AUG. — Je n'ai pas encore porté le doigt sur tes blessures les moins abordables, les plus organiques, pour ainsi parler, et j'appréhende d'y toucher, me rappelant les cris de douleur que t'arrachait le plus léger contact. Pourtant, j'espère que, fortifié et encouragé, tu supporteras désormais plus bravement des chocs plus rudes.

PÉTR. — Soyez sans crainte, je suis habitué maintenant à entendre nommer mes maladies, et à souffrir la main de l'opérateur.

AUG. — Tu es lié de deux côtés par des chaînes de diamant qui ne te permettent de songer ni à la mort, ni à la vie. J'ai toujours redouté qu'elles ne te conduisissent à ta perte, je ne suis et ne serai rassuré que lorsque je t'en verrai débarrassé. Je ne pense pas que ce soit impossible, mais certainement c'est difficile. On prétend que le sang de bouc brise le diamant — pour montrer, par comparaison, que les peines peuvent être adoucies — mais le sang dont il s'agit a une telle efficacité que dès qu'il a touché un cœur endurci, il le pénètre et le ramollit. Or, comme dans cette affaire, il est de toute nécessité que tu apportes ton consentement, je crains bien que tu n'aies ni le pouvoir ni la volonté de le donner. L'éblouissement que te cause l'éclat de tes chaines t'en empêchera, et je redoute qu'il ne t'arrive comme à l'avare, emprisonné avec des chaines d'or, consentant à être délivré, mais à la condition d'emporter ses liens. A toi, prisonnier, l'obligation, si tu veux recouvrer ta liberté, de rejeter tes entraves.

Pétr. — Hélas! je suis donc bien plus malheureux que je ne pensais? Ainsi, mon âme a deux attaches de plus que je ne connais pas encore..

Aug. — Effectivement, mais ces chaines te semblent si belles que tu les prends pour un trésor, et non pour ce qu'elles sont. Je te compare exactement à un homme qui, ayant des chaines d'or aux pieds et aux mains, considérerait le métal non l'entrave. Fasciné jusqu'à l'aveuglement, tu vois ce qui te retient captif, et cependant tu te complais dans cette servitude mortelle, et ce qui est pis encore tu en tires vanité.

Pétr. — Quelles sont ces deux chaines?

Aug. — L'amour et la gloire.

Pétr. — Grands dieux! qu'entends-je? Vous appelez cela des chaines, et vous les briseriez, si.....

Aug. — Oui, j'en ai la prétention, mais je doute du succès. Tes autres faiblesses n'étaient pas aussi tenaces et n'avaient pas autant d'attrait pour toi. Tu m'as aidé à les anéantir, mais ici, ce qui te nuit te charme, t'illusionne par l'apparence du beau. J'aurai fort à faire, car tu vas récriminer comme si je voulais te ravir le souverain bien. J'essaierai cependant.

Pétr. — Ai-je donc tant démérité à vos yeux que vous cherchiez à m'enlever mes plus chères jouissances, et con-

damner à des ténèbres perpétuelles la meilleure part de moi-
même.

Aug. — Malheureux ! as-tu donc oublié cette axiôme de
la philosophie de Platon : « Les calamités sont à leur comble
« quand des opinions fausses, fatalement acceptées, pèsent
« sur le jugement ? » Faut-il qu'il en soit ainsi ?

Pétr. — Je m'en souviens très bien, mais ce n'est pas ici
le cas de l'appliquer. Pourquoi penserais-je qu'il ne faut pas
qu'il en soit ainsi ? Je ne crois pas avoir jamais raisonné plus
juste. Les sentiments que vous me reprochez sont les plus
nobles de tous.

Aug. — Procédons par ordre, je tiens à ce que mes
remèdes soient efficaces, ne voulant pas être entraîné à droite
et à gauche, j'attaquerai séparément chaque sujet pour frap-
per plus sûrement. Dis-moi, puisqu'il est question, en premier
lieu, de l'amour, ne penses-tu pas que l'amour est la plus
grande de toutes les folies ?

Pétr. — A dire la vérité, je pense que, suivant les cas,
l'amour est la pire des passions, ou la plus noble des affec-
tions humaines.

Si je brûle pour une créature vile, infâme, c'est une folie
de la pire espèce, pour peu qu'il me reste encore de respect
et de considération pour la vertu, et que tout sentiment de
pudeur ne soit pas éteint. Mais si j'aime une honnête femme,
personne n'est plus heureux que moi. Ne voyez-vous pas de
différence en ces deux cas ? Si vous pensez autrement, que
chacun suive son opinion, je m'en réfère à ce que dit Cicéron
(*de Senectute*) : « Si dans ce cas je suis dans l'erreur, cette
« erreur m'est chère ; je veux, tant que je vivrai, y rester
« fidèle. »

Aug. — Mais Cicéron parlait de l'immortalité de l'âme, la
plus sublime des questions ; il voulait que personne n'en
doutât, ne souffrant pas même qu'elle fût discutée devant lui ;
voilà pourquoi il a tenu ce langage. Quant à toi, tu as abusé
de ses paroles pour soutenir une opinion erronée et crimi-

nelle. En effet, l'âme fût-elle mortelle, il vaudrait mieux la considérer comme immortelle, car, si c'était une erreur, elle serait au moins salutaire en vous excitant à l'amour de la vertu, qui, même sans espoir de récompense, doit être recherchée pour elle-même. Sans nul doute, en admettant l'âme mortelle, le culte de la vertu en serait amoindri. Au contraire, la promesse d'une vie future, fût-elle une erreur, suffit pour exciter dans le cœur de l'homme la pratique de la morale [1]. Vois où ton aberration de jugement te conduit, elle te précipite dans toutes les insanités d'esprit, avec la honte, la crainte, sans la raison qui modère les mouvements désordonnés de l'âme, en te privant de la connaissance de la vérité.

PÉTR. — Je vous l'ai dit, vous vous abusez. Je n'ai jamais eu d'attachement dont je dusse rougir, je n'ai eu au contraire, qu'une très belle passion.

AUG. — Alors on peut aimer *honteusement* une *belle chose*, cela est certain.

PÉTR. — Ni votre substantif, ni votre adverbe ne sauraient me condamner; ne me taquinez pas ainsi.

AUG. — Eh quoi! vas-tu donc, comme les fous, expirer à force de rire et de plaisanter? Ne ferais-tu pas mieux d'user des remèdes dont a besoin ton âme qui est bien malade?

PÉTR. — Je ne les refuse pas, si vous me prouvez que je suis malade; les remèdes sont souvent funestes aux gens bien portants.

AUG. — Quand tu seras convalescent, comme bien d'autres, tu reconnaîtras que tu as été fort malade.

[1] Cette opinion de Pétrarque ne lui est pas particulière, elle avait cours au moyen âge, et dénotait le doute dont les philosophes étaient assiégés au sujet de l'immortalité de l'âme. Pour l'admettre, il fallait autre chose que le raisonnement, la foi.

Sur quelles preuves s'appuie l'immortalité de l'âme? La plupart de nos croyances ne se déterminent que par la crainte ou l'espérance. *Prima deos fecit timor.* L'humanité repose sur ces deux mobiles.

L'aveu de Pétrarque, de Pétrarque le croyant, qui paraît si convaincu, est curieux à enregistrer.

PÉTR. — En définitive, je ne puis mépriser les sages conseils que vous m'avez donnés, ces jours derniers, et même antérieurement. Continuez donc.

AUG. — D'abord, pardonne-moi si, le sujet l'exigeant, je me révolte contre ce qui fait tes délices, et je prévois d'avance que tu vas aussi te révolter en entendant la vérité.

PÉTR. — Avant de commencer, écoutez-moi un instant. Savez-vous de qui vous allez parler ?

AUG. — Oui, il s'agit d'une femme mortelle, l'objet de ton admiration et de ton culte pendant la majeure partie de ton existence ; j'en suis désolé, et je m'étonne singulièrement de voir un esprit tel que le tien obsédé par une aussi grande et aussi persistante folie.

PÉTR. — Epargnez-moi, de grâce, ces invectives. Thaïs et Livie étaient de même des femmes mortelles. Mais connaissez-vous cette dame dont vous parlez? Son âme dégagée des choses de la terre, n'aspire qu'aux biens célestes. Toute sa personne resplendit véritablement d'une beauté divine: Sa vie est un modèle des vertus les plus parfaites. Sa voix, l'éclat de ses yeux, ont un charme surhumain, sa démarche n'est pas d'une mortelle. Je vous prie donc, et vous supplie, en parlant d'elle, de mesurer vos paroles.

AUG. — Pauvre fou ! Et dire qu'il y a seize ans que ton cœur brûle d'une pareille flamme, en proie à des illusions décevantes ! C'est juste le temps que passa en Italie l'illustre Annibal. Jamais la Péninsule ne subit alors de chocs aussi violents de cet ennemi, jamais elle ne fut exposée à de plus terribles incendies que ceux, que dans ces derniers temps, t'a fait éprouver la violence de ta passion, et cependant, il s'est rencontré un héros pour chasser cet Annibal. Mais, où est celui qui doit expulser le Carthaginois de ta cervelle? Si tu t'opposes à son expulsion, si mieux encore, tu l'invites à rester, pauvre infortuné, c'est que tu te complais dans ton mal. Et lorsque la mort aura fermé ces yeux qui, pour ton malheur, ont trop su te charmer; quand tu verras son visage décoloré par le trépas, ses membres pâlis, tu rougiras d'avoir attaché ton âme immortelle à un pauvre corps caduc auquel tu es encore si obstinément attaché.

PÉTR. — Dieu me préserve d'un tel malheur, je ne le verrai pas !

AUG. — Et pourtant, il arrivera fatalement.

PÉTR. — Je le sais, mais le ciel ne me sera pas assez hostile pour enfreindre par cette mort les lois de la nature. Venu au monde le premier, j'en dois sortir le premier.

AUG. — Ne te souvient-il plus du temps où tu craignais le contraire, et sous l'inspiration de ton chagrin, tu composas une élégie en l'honneur de ton amie que tu croyais mourante ?

PÉTR. — Ah ! oui, je m'en souviens ; j'ai été fort affligé, et, à cette seule pensée, aujourd'hui même encore je tremble. J'étais exaspéré de me voir séparé de la plus noble partie de moi-même, et de lui survivre, elle, dont la seule présence faisait le charme de ma vie. Voilà ce que déplore cette élégie, sur laquelle j'ai tant versé de larmes ; je me rappelle le sens, sinon les paroles.

AUG. — On ne demande pas quelle quantité de pleurs, ou quelle somme de chagrin t'a coûtée cette mort tant redoutée ; il s'agit de te bien pénétrer que cette frayeur ressentie une première fois peut se représenter de nouveau, et cela d'autant plus aisément que chaque jour la rapproche de la mort, et ce beau corps épuisé par les maladies et des couches fréquentes, a beaucoup perdu de sa première vigueur.

PÉTR. — Et, moi aussi je suis devenu plus impotent par les soucis et les progrès de l'âge, voilà pourquoi je suis plus près de ma fin dernière.

AUG. — Quelle folie de croire que les aînés doivent nécessairement mourir avant les jeunes ! Les vieillards qui ont perdu leurs parents, se plaignent quand la mort leur enlève leurs enfants adolescents ; et les nourrices pleurent les poupons qui : « privés de leur lait et de leurs berceaux, par un

« sort cruel, ont vu dès leur premier jour leur dernier soir [1]. »

Si le petit nombre d'années dont tu la précèdes dans la vie te fait espérer follement de mourir avant que le foyer de ta passion soit éteint; et si tu es convaincu, que, suivant la loi de la nature, Laure ne peut succomber avant toi, que diras-tu, si, contre ton attente, elle disparaît la première?

PÉTR. — Elle n'est pas éternelle, je le sais, mais je fais des vœux incessants pour qu'il n'en soit pas ainsi, et, en pensant continuellement à sa perte, j'ai présent à la mémoire ce vers d'Ovide : « Que ce jour soit reculé jusqu'au delà de « notre siècle. »

AUG. — Je ne puis écouter davantage de pareilles inepties. Tu sais bien qu'elle peut mourir avant toi, que dirais-tu si elle était mourante?

PÉTR. — Pourrais-je dire autre chose sinon que je serais bien malheureux d'en être le témoin? Je puiserais des consolations dans le souvenir du passé. Mais le vent emporte nos paroles, et les tempêtes dispersent les prédictions.

AUG. — Aveugle que tu es! Ne comprends-tu donc pas jusqu'à quel point tu es insensé pour subir le joug des choses périssables, qui troublent l'esprit et enflamment l'imagination de désirs inassouvis, impuissantes à procurer le calme, parce qu'elles n'ont pas de durée, et par leurs retours fréquents vous font souffrir quand elles promettaient de vous charmer?

PÉTR. — Si vous avez un moyen de persuasion plus efficace indiquez-le-moi, vos paroles ne pourront jamais m'effrayer, car mon cœur, comme vous le croyez, ne s'est point attaché à un objet mortel. Sachez que ce n'est pas tant le corps que j'ai aimé que l'âme de ma Dame, dont les vertus surhumaines m'ont charmé. Sa vie est le modèle de celle des habitants du céleste séjour. Si, cependant, elle venait à me quitter en mourant avant moi — cette pensée me fait frémir — et si vous me demandez ce que je ferais, je me consolerais de

---

[1] Virg., *En.*, lib. VI.

mon infortune, en répétant après Lélius, le plus sage des
Romains, à la mort de Scipion : « J'aimais sa vertu qui vit
« encore. » Voilà ce que je dirais et autre chose encore,
comme le fit cet ami qui portait à ce héros une si singulière
affection, ainsi que nous l'apprend l'histoire.

AUG. — Tu te retranches dans une erreur inexpugnable
comme dans une citadelle, dont il ne sera pas facile de te
déloger. Mais, puisque je te vois affecté de telle sorte que tu
sembles plus disposé à entendre patiemment ce qu'on peut
dire sur ton compte, je vais parler en toute liberté de cette
petite dame que tu combles d'éloges. Je n'y contredis point,
c'est une reine, c'est une sainte, c'est une divinité, certainement : « C'est la sœur de Phébus, ou quelqu'une des
« Nymphes [1]. » Quelque éclatante que soit sa vertu, ta faute
n'en est pas plus excusable pour cela.

PÉTR. — Je vois que vous me cherchez une nouvelle que-
relle.

AUG. — Il est indubitable qu'on peut aimer honteusement
une très belle chose.

PÉTR. — Je vous ai déjà répondu à cet égard. Si on pouvait
voir l'image de l'amour qui est en moi, on reconnaîtrait qu'elle
n'est pas dissemblable à celle que j'ai si souvent, et à juste
titre, louée dans mes poésies.

La Vérité, devant qui nous parlons, en est témoin, mon
amour n'a jamais été honteux, obscène, répréhensible seulement par son intensité, mais modéré, convenez qu'on ne saurait rêver rien de plus délicat.

AUG. — Je puis te répondre par un mot de Cicéron : « La
« modération que tu invoques, c'est en faveur du vice. »

PÉTR. — Du vice, non, mais de l'amour.

AUG. — L'auteur, en parlant ainsi, faisait allusion à l'amour.
Tu connais le passage.

PÉTR. — Je l'ai lu dans les *Tusculanes*, il s'agissait de

---

[1] Virg., *En.*, liv. I, v. 329.

l'amour en général, chez moi il est question d'une affection toute particulière.

Aug. — Les autres en pensent peut-être de même des leurs ; il est vrai, qu'en toute passion, en celle-là surtout, chacun interprète favorablement sa propre affaire, on vante le bon sens de ce poète populaire quand il dit : « A chacun « sa femme, à moi la mienne ; à chacun son amour, à moi le « mien. »

Pétr. — Voulez-vous, si le temps le permet. que je vous dise en peu de mots des choses qui vous rempliront d'étonnement et d'admiration ?

Aug. — Crois-tu donc que je ne sais pas que « les amou- « reux sont les jouets de leurs propres hallucinations? » Ce vers est bien connu dans toutes les écoles. Au reste, je suis fâché d'entendre de pareilles inepties de la bouche d'un homme qui devrait mieux savoir et mieux parler.

Pétr. — Voici — est-ce gratitude, est-ce ineptie? — voici ce que je me crois obligé de déclarer : quelque peu de valeur que vous me reconnaissiez, c'est à Elle que je le dois, et je ne serais jamais parvenu à ce degré de renommée et de gloire que j'ai pu acquérir, si les sentiments qu'elle m'a inspirés n'avaient fait germer en moi les semences de vertu que la nature y avait mises. Elle m'a préservé des dangers auxquels m'exposait ma jeunesse. Elle m'a donné des ailes pour m'élever vers le ciel. C'est un effet de l'amour de transformer les amants et de les rendre semblables à l'objet aimé.

Jamais la médisance n'a eu de prise sur elle, sa réputation est inattaquable et inattaquée ; il n'y a rien à reprendre, ni dans ses actes, ni dans ses paroles, ni dans sa manière d'être, et toutes les langues si disposées à critiquer, ont chanté ses louanges en admirant ses vertus. Il n'est pas étonnant, après cela, si ce beau nom a fait naître en moi le désir d'y donner encore plus d'éclat, et m'a rendu bien doux les peines et les travaux employés pour obtenir ce résultat.

Dans ma jeunesse, ma seule envie était de lui plaire, car

seule elle me plaisait. Pour en arriver là, j'ai dédaigné les joies mondaines; je me suis condamné de bonne heure à mille fatigues, à mille privations, et vous exigez que je l'oublie, ou que je l'aime moins ardemment, elle qui m'a affranchi du contact du vulgaire, elle qui a été mon guide dans toutes les phases de ma vie, et en stimulant mon esprit à demi engourdi, a développé mes facultés!

Aug. — Malheureux! Tu eusses bien mieux fait de te taire que de parler, quoique, malgré ton silence, j'eusse bien jugé ce qui se passait dans ton intérieur; cependant une si impudente assertion m'indigne et me met en courroux.

Pétr. — Et pourquoi, s'il vous plaît?

Aug. — Parce que le fait d'un ignorant est d'avoir des idées fausses, d'émettre effrontément des opinions fausses, et prouve autant d'ignorance que d'orgueil.

Pétr. — Qu'ai-je dit ou pensé qui soit aussi faux?

Aug. — Absolument tout ce que tu viens de rappeler, et en premier lieu lorsque tu prétends que c'est par elle que tu es ce que tu es, si tu penses que c'est elle qui t'a fait ce don, c'est un mensonge évident, mais si elle n'a pas permis que tu fusses plus que tu n'es, tu es dans le vrai. Que de grands débats tu aurais pu t'éviter, si elle ne t'avait retenu par les charmes de sa beauté! Ainsi donc, ce que tu es, c'est à la bonté de la nature que tu le dois, et Laure t'a ravi ce que tu aurais pu acquérir de plus, ou plutôt c'est à toi-même que tu l'as ravi. Elle, en effet, est innocente, car sa beauté qui te semblait si aimable, si séduisante, a porté le ravage dans toute cette moisson qu'on devait attendre des semences natives de tes vertus par les feux de tes ardents désirs, et la pluie incessante de tes larmes. C'est à tort que tu te glorifies d'avoir par elle échappé à tout vice honteux; peut-être t'a-t-elle retiré d'un grand nombre, mais elle t'a plongé dans des misères plus grandes. De fait, on ne t'a pas averti de te détourner du sentier obscène de souillures variées, puisqu'on t'a conduit à l'abîme; si on t'a guéri d'une plaie légère, cependant tu as reçu une blessure mortelle. Faut-il dire que tu as été sauvé plutôt que perdu? Ainsi, cette femme que tu t'applaudis d'avoir pour guide, en te retirant de la turpitude, t'a plongé dans un magnifique gouffre. Mais, dis-tu, elle a dirigé mes regards vers les hauts sommets, elle m'a écarté de la plèbe. Dans quel but si ce n'est pour t'accaparer? et capté exclusivement par son charme elle t'a réduit à tout mépriser, et a fait de toi un négligent affairé. Apprends que rien n'est plus fâcheux pour la société. Souviens-toi que tu as déjà lancé dans le monde de nombreux travaux, conviens que c'est la seule vérité que tu as émise. Considère les immenses avantages que tu en as obtenus; ces ouvrages sont très variés, je ne veux pas les énumérer ici, mais quelle folie d'en entreprendre de nouveaux de ton plein gré? Et parce que tu as été avide d'une gloire plus éclatante, tu te glorifies de l'avoir acquise à cause d'elle. J'ai pitié de ton erreur, je te démontrerai que nulle ne t'a été plus funeste par les ennuis dont a été accablée ton âme, mais le moment n'est pas encore venu d'en parler.

Pétr. — Quel batailleur intrépide! vous menacez et vous frappez, aussi vos menaces et vos coups me font bondir, je sens que déjà je chancelle.

Aug. — Tu chancelleras bien plus fort quand je t'aurai blessé. Cette femme que tu prônes, et à laquelle tu prétends tout devoir, cette femme te tue.

Pétr. — Bonté du ciel! Comment me ferez-vous entendre de telles choses?

Aug. — Elle éloigne ton âme de l'amour des biens célestes, et transporte tes désirs du Créateur à la créature, c'est la voie qui te mène le plus sûrement à ta perdition.

Pétr. — Attendez, je vous prie, avant de me condamner; certainement l'amour que j'ai pour elle, m'a porté à aimer Dieu.

Aug. — Oui, mais tu as interverti l'ordre; car on doit aimer la créature en vue du Créateur, toi, au contraire, tu as aimé Dieu à cause d'elle, dont les attraits t'avaient captivé, tu ne l'as donc pas aimé comme il convient, c'est l'artiste que tu as admiré, n'ayant, selon ton avis, rien créé d'aussi beau qu'elle, et cependant, la beauté du corps est la dernière de toutes.

Pétr. — J'en appelle au témoignage de la Vérité, ici présente, j'invoque aussi celui de ma conscience, j'ai aimé, je l'ai déjà dit, non pas tant son corps que son âme; vous le comprendrez, puisque, à mesure qu'elle avance en âge — ce qui est pour la beauté plastique comme un inéluctable coup de foudre — j'ai persévéré dans ma manière de voir. S'il était manifeste qu'au printemps de sa vie, cette fleur de beauté commençait déjà à se flétrir par l'effet du temps, ses qualités de cœur se développaient davantage, de même que le principe de mon amour, dont la persévérance s'est trouvée ainsi justifiée, autrement si mon affection avait disparu en même temps que sa beauté corporelle, j'aurais dû dès lors changer de sentiment.

Aug. — Te moques-tu de moi? Si son âme ainsi faite avait habité un corps hideux et difforme, elle t'eût plu de la même façon?

Pétr. — Je n'ose l'affirmer, car, l'âme ne peut savoir, et la forme du corps ne me garantirait pas à la vue seule, qu'il contient une âme semblable. J'aimerais certainement la beauté d'une âme, eût-elle pour habitacle un corps défectueux.

Aug. — Tu cherches à te payer de mots. Si, donc, tu ne peux aimer que ce qui frappe la vue, tu as donc aimé le corps. Je ne puis nier pourtant que l'âme et le caractère de cette Dame n'aient été capables de fournir des aliments à ta flamme, bien plus — comme je le dirai bientôt — son nom même quelquefois, très souvent a servi à exalter ta passion; ainsi qu'il arrive en toute affection de l'âme, ici, par exemple, il suffit d'une légère étincelle pour allumer un grand incendie.

Pétr. — Je vois où vous voulez en venir, à confesser

avec Ovide : « J'ai aimé le corps aussi bien que l'âme [1]. »

Aug. — Il faut aussi que tu acceptes la suite de la citation ; tu n'as aimé ni avec assez de modération, ni avec assez de convenance l'un et l'autre.

Pétr. — Dussiez-vous me faire subir la torture, je n'en conviendrai pas.

Aug. — Autre chose encore, cet amour a été pour toi le sujet de grandes misères.

Pétr. — Quand vous me perceriez d'aiguillons, je ne l'avouerais pas.

Aug. — Tu le reconnaîtras bientôt de toi-même, si tu tiens compte de mes raisons, et des questions que je te poserai. Dis-moi, te souviens-tu des années de ton adolescence, à moins que par la multitude des inquiétudes présentes, le souvenir de ce premier âge ne soit effacé?

Pétr. — Cette phase de mon enfance et de ma jeunesse est aussi présente à ma mémoire que si c'était hier.

Aug. — Te rappelles-tu qu'à cette époque tu vivais dans la crainte de Dieu? Quelle peur de la mort, quels sentiments religieux tu avais ; et combien ta vie était pure !

Pétr. — Certes, je ne l'ai pas oublié ; je crains qu'avec le progrès des années les vertus se soient affaiblies.

Aug. — Et moi, j'ai toujours redouté que la brise printanière ne vînt à flétrir cette fleur hâtive, qui, si elle était restée intacte, eût pu produire en sa saison d'admirables fruits.

Pétr. — Ne sortez pas de la question, quel rapport peut avoir ce que vous dites avec ce dont il est cas?

Aug. — Ecoute, réfléchis en silence, puisque ta mémoire est si fidèle, réfléchis sur toute ta vie passée, et rappelle-toi le moment où tu as si visiblement changé de conduite.

Pétr. — C'est en un clin d'œil frémissant que je me remémore le nombre de mes années et leur suite.

[1] ... Animam cum corpore amavi.
(Ov., *Amor.*, I, 10, 13.)

AUG. — Qu'y trouves-tu donc?

PÉTR. — La formule de Pythagore dont j'ai pris connaissance n'est pas une vaine doctrine. Or, donc, suivant la ligne droite, j'arrive à la bifurcation; modeste et réservé, mon devoir était de prendre à droite, mais, soit inadvertance, soit volonté, je ne sais, je tournai à gauche, et ces vers que j'avais souvent lus dans mon enfance ne m'ont été d'aucune utilité :
« Voici l'endroit où le chemin se bifurque; celui de la droite
« conduit au palais du souverain Dieu, cette voie nous mène
« aux Champs-Élysées; mais à gauche c'est là que sont punis
« les méchants, c'est l'impitoyable Tartare [1]. »

Quoique je les eusse lus autrefois, je ne les avais pas aussi bien compris qu'aujourd'hui que j'en fais l'expérience. Mais, maintenant, sorti de ce sentier oblique et sordide, retournant en arrière et souvent baigné de larmes, je n'ai pu cependant me remettre dans le droit chemin, que j'avais abandonné, c'est alors que le trouble s'est mis dans mes habitudes.

AUG. — À quelle période de ta vie a eu lieu ce changement?

PÉTR. — En pleine effervescence de jeunesse, attendez un peu, je pourrai vous indiquer facilement l'année.

AUG. — Je n'exige pas tant de précision, je veux seulement savoir quand la beauté de cette femme t'est apparue.

PÉTR. — Je ne l'oublierai jamais.

AUG. — Rapproche les époques.

PÉTR. — Evidemment, cette rencontre et ma conduite blâmable datent du même temps.

AUG. — Voilà ce que je voulais. Tu as été frappé d'admiration, tes yeux ont été éblouis d'une splendeur insolite. On dit que la stupeur est le premier symptôme de l'amour, aussi, un poète qui connaît la nature a-t-il dit : « A cette vue, tout « d'abord, la reine de Sidon fut stupéfaite, » puis il ajoute : « Didon brûle d'amour [2]. »

---

[1] Virg., En., liv. VI, v. 540, 543.
[2] Virg., En., liv. I, v. 613-713.

Quoique tu saches très bien que ce récit est fabuleux, il n'en est pas moins vrai que c'est dans la nature, sous les apparences de la fiction. Tu as donc été frappé d'étonnement à la vue de cette dame, pourquoi alors as-tu plutôt dévié à gauche ? N'est-ce pas parce que le chemin était plus déclive et plus large, le droit sentier étant plus ardu et plus étroit ? donc tu as craint ta peine. Mais cette femme si célèbre que tu considères comme ton guide le plus sûr, pourquoi ne t'a-t-elle pas dirigé vers les régions supérieures, alors que tu étais hésitant et tremblant, te prenant par la main, comme on fait pour les aveugles, et te montrant par où tu devais marcher ?

PÉTR. — Elle l'a fait autant qu'il était en son pouvoir; a-t-elle agi autrement, puisque sans se laisser toucher par aucune prière, ni séduire par aucune flatterie, elle a conservé intact son honneur de femme. Elle est restée ferme inébranlable, malgré sa jeunesse et la mienne, contre tant et de si diverses choses qui auraient fait céder un cœur de diamant. Certes, cette âme féminine enseignait à l'homme son devoir sentant que la chasteté n'était pas respectée, et pour me servir des paroles de Sénèque, au mépris de l'exemple et des conseils, à la fin me voyant sans frein et courant à ma perte, elle préféra m'abandonner que me suivre.

AUG. — Ainsi donc entre temps tu manifestais de honteuses convoitises, ce que tu as nié précédemment. C'est la folie ordinaire des amants, des déments, devrais-je plutôt dire. On peut leur appliquer à tous ce vers : « Je veux, je ne « veux pas, je ne veux pas, je veux. » Vous ne savez pas vous-mêmes ce que vous voulez, ou ce que vous ne voulez pas.

PÉTR. — Maladroit, je suis pris au piège. Si, autrefois peut-être, j'ai eu d'autres désirs, c'est à l'amour, à mon âge que je le devais; aujourd'hui, je sais ce que je veux, ce que je désire, et mon esprit chancelant s'est raffermi. Laure, au contraire, ferme dans ses desseins, a toujours persévéré, et cette constance féminine je la comprends autant que je l'admire. Telle a été sa détermination, et si quelquefois je m'en suis plaint, à présent je lui en sais gré et l'en remercie.

AUG. — On ne rend pas facilement sa confiance à qui vous a trompé une première fois. Tu changeras de mœurs, d'habitudes, de vie, avant de me persuader que ton esprit est changé, ta passion a peut-être un peu perdu de sa violence, mais elle n'est pas éteinte ; toi, qui prises si fort l'objet de ton amour, tu ne t'aperçois pas qu'en le défendant tu t'accuses toi-même. Admettons, je le veux bien, qu'elle est une très sainte femme, tu reconnaîtras aussi que tu es un insensé et un criminel, et si elle est très heureuse, tu es, à cause de cet amour, malheureux. Voilà, si tu te le rappelles, ce que je disais en commençant.

PÉTR. — Effectivement, je m'en souviens, je ne nie pas qu'il en est ainsi, et je vois où vous m'avez amené insensiblement.

AUG. — Figure-toi bien, après mûre réflexion, qu'il n'est rien qui engendre l'oubli et le mépris de Dieu, comme l'amour des choses temporelles, et particulièrement cet amour que l'on décore d'un nom propre, et que, par le plus grand des sacrilèges, vous appelez Dieu, afin de donner, pour ainsi dire, une excuse céleste aux passions mondaines, et de commettre plus librement un crime horrible par une sorte d'inspiration divine ! Il ne faut pas s'étonner si un pareil effet se produit dans l'âme humaine. En d'autres circonstances, la vue d'un bel objet, le plaisir que vous espérez en obtenir, et l'ardeur que vous y mettez, vous entraînent. Mais en amour, il y a de plus une mutualité de sentiments, et quand on ne peut espérer, l'amour, de toute nécessité, languit. Or, dans les autres cas on aime simplement, ici, le cœur humain est stimulé à rendre amour pour amour ; aussi, est-ce avec raison que notre Cicéron a dû devoir dire que de toutes les passions de l'âme l'amour était assurément la plus violente ; il en était bien certain, puisqu'il dit *assurément (profecto)*, lui qui, dans les quatre livres *Académiques*, ne vit que le doute universel.

PÉTR. — J'ai remarqué souvent ce passage, et j'ai été étonné qu'il eût considéré cette passion comme la plus violente de toutes.

AUG. — Ton étonnement cesserait, si tu n'avais pas perdu la mémoire. Toutefois, une simple admonition va te faire ressouvenir d'une foule de misères. Songe désormais que, depuis que cette peste a envahi ton esprit, tu as tout de suite poussé des gémissements sur ton infortune, avec une déplorable volupté, tu te repaissais de tes larmes et de tes soupirs, passant les nuits sans sommeil, à répéter le nom de ton amante, méprisant tout le reste, prenant la vie en dégoût, invoquant la mort, fuyant la société des hommes, ne recherchant que la solitude ; on peut dire de toi ce que raconte Homère de Bellérophon : « Seul et dévoré de chagrin, le malheureux « errait dans les champs d'Aléia, rongeant son cœur, évitant « les traces des hommes [1]. »

De là, cette pâleur, cette maigreur, ce dépérissement avant l'âge de cette fleur de jeunesse ; depuis lors, les yeux gonflés et constamment humides, l'esprit troublé, le repos agité par des songes, les plaintes accompagnées de pleurs pendant le sommeil, la voix brisée, et devenue rauque à force de gémir, la parole entrecoupée, inarticulée, enfin, tout ce qu'on peut s'imaginer de plus bouleversé et de plus lamentable, sont-ce là des signes d'un bon état ? Eh quoi ! cette dame n'a-t-elle pas ouvert et clos la série de tes jours heureux et néfastes ? Quand elle paraît, c'est le soleil, et quand elle disparaît c'est la nuit. Si son visage change, ton moral change en même temps ; tu deviens gai ou triste suivant la variabilité de son air, en un mot, tu es entièrement sous sa dépendance. Tu sais que je dis vrai, et que c'est connu de tout le monde. Quoi de plus insensé ! non content de la présence corporelle,

[1] *Iliade*, liv. VI.

cause de tout ce qui t'est advenu, tu as voulu posséder une autre image d'elle, dûe au génie d'un artiste illustre [1], et que tu portes partout avec toi, pour avoir un sujet de larmes sempiternelles, craignant sans doute que leur prurit ne vienne à s'éteindre. Toutes tes pensées s'absorbaient en elle, montrant une incuriosité dédaigneuse pour tout le reste. Mais, voici bien le comble du délire que j'ai tant blâmé tout à l'heure, je poursuis.

Pourra-t-on assez légitimement être stupéfié et maudire un tel excès d'aliénation mentale quand tu es épris, non seulement de sa beauté mais aussi de son nom, recherchant avec une incroyable futilité tout ce qui avait quelque consonance avec lui. Voilà pourquoi tu as tant aimé le laurier des Césars et des poètes parce qu'il te rappelait le nom de Laure. Dès ce moment, il n'est presque aucune de tes productions poétiques où il ne soit fait mention du laurier, comme si tu avais été un habitant des rives du Pénée, ou un prêtre du mont Cyrrha. Ne pouvant ambitionner le laurier impérial, tu as convoité le laurier des poètes, que te promettait le mérite de tes œuvres, et avec autant d'ardeur que tu désirais la dame objet de ton amour. Pour obtenir cette couronne, bien que soutenu par des hommes d'esprit éminents, après quelles rudes épreuves cependant tu y es parvenu, rien qu'en y pensant tu dois être épouvanté. Ta réponse est toute prête, je la prévois, et avant qu'elle ne sorte de tes lèvres, je devine ce qui se passe en toi en ce moment; tu penses que tu t'étais déjà livré à ce genre d'études bien longtemps avant de devenir amoureux; cet honneur poétique avait stimulé ton esprit dès tes jeunes années; je ne puis le nier, ni le méconnaître, mais cet usage, depuis bien des siècles était tombé en désuétude, vos mœurs, votre époque ne se prêtaient pas à de tels objets, les difficultés d'un long voyage où l'on court risque, même

---

[1] Simon Memmi, de Sienne, appelé à Avignon, en 1339, par le pape Benoît XII, fit présent à Pétrarque du portrait de Laure.

jusqu'à son terme, non seulement de sa liberté, mais encore
de sa vie, et d'autres obstacles non moins périlleux tendus
par la fortune, auraient pu entraver tes projets, ou peut-être
les annihiler, si la pensée du nom si doux toujours présente
à ton esprit, après avoir secoué tout le fardeau de tes autres
soucis, ne t'avait poussé malgré tant de périls et d'écueils par
les monts et les mers à te rendre à Rome et à Naples, où
enfin tu as obtenu la réalisation de tes ardents désirs. Si tu
doutes encore que l'amour soit la plus violente de tes passions,
je soutiendrai, dans ce cas, que je suis moi-même un grand
fou. Cela bien entendu, je cite le passage de l'*Eunuque*
de Térence, que Cicéron n'a pas hésité à reproduire, il
dit : « Voici tous les inconvénients de l'amour : injustices,
« soupçons, ressentiments, trêves, guerre, paix de nou-
« veau. »

Dans cette tirade, reconnais-tu tes insanités d'esprit et surtout ta jalousie, qui, comme l'amour, a le premier rang parmi
les passions, elle a de même la première place dans cette
maladie de l'amour. Mais tu viendras peut-être me dire : je
ne nie pas qu'il en est ainsi, mais la raison vient en aide, et
par son intervention tempère ces excès, et l'auteur cité l'a
prévu, il vous répond en disant : « On n'est pas sûr de maî-
« triser par la raison ce qui est réfractaire à la raison, c'est
« chercher à délirer raisonnablement. »

Tu reconnais sans le moindre doute que tout ce que je t'ai
dit est très vrai, et, si je ne m'abuse, j'ai rembarré tous tes
subterfuges. Telles sont les misères inhérentes à l'amour en
général ; pour quiconque les a éprouvées, un plus long détail
serait inutile, et celui qui ne les a pas ressenties n'y croirait
pas. Mais la plus grande de toutes — pour en revenir à ma
thèse — est celle qui entraîne l'oubli de Dieu et de soi-même.
Comment, en effet, une âme, courbée sous le poids de tant
de maux, pourrait-elle, dans son abjection, parvenir à cette
source unique et si pure du vrai bien ? Puisqu'il en est ainsi,

7

cesse de t'étonner que Cicéron ait proclamé l'amour la plus violente des passions.

PÉTR. — Je suis vaincu, j'en fais l'aveu, car, tout ce que vous venez de rappeler, il me semble que vous l'avez tiré du livre de l'expérience. Permettez-moi donc en conséquence, puisque vous avez cité un passage de l'*Eunuque* de Térence, d'ajouter les vers suivants adaptés à ma situation : « O méfait « indigne ! Je sens bien que je suis un misérable, j'ai honte, « et je brûle d'amour, je le sais, je le sais, je vois, moi vivant, « que je meurs ; que faire ? Je l'ignore. »

Laissez-moi encore, sous le couvert du même poète, vous réclamer un conseil : « Pendant qu'il en est temps, réfléchis « et réfléchis encore. »

AUG. — Et moi, je te répondrai par ces deux vers de Térence : « C'est une chose qui n'a en soi ni raison, « ni mesure, vous ne pouvez donc la maîtriser par la rai-« son. »

PÉTR. — Que faire alors ? me livrer au désespoir ?

AUG. — Il faut tout tenter auparavant ; voici le meilleur conseil que je puisse te donner. Tu sais que ces questions ont été controversées par des philosophes excellents dans des traités spéciaux, et aussi par des poètes illustres dans des œuvres *ex professo ;* ce serait te faire injure de t'indiquer quels sont ces livres, et comment il faut les entendre, à toi, passé maître en ces matières. Mais il n'est peut-être pas hors de propos de te faire voir que la lecture et l'étude de ces ouvrages peuvent être utiles à ton salut. « D'aucuns, au dire « de Cicéron, conseillent de remplacer un vieil amour par « un amour nouveau, absolument comme un clou chasse « l'autre [1]. »

C'est aussi le sentiment d'Ovide, ce professeur d'amour,

---

[1] « Come d'asse si trae chiodo con chiodo. »

C'est un vers du chapitre III du *Triomphe de l'Amour*, dans lequel Pétrarque reproduit fidèlement l'opinion de Cicéron, exprimée dans les

posant en principe que : « Un nouvel amour triomphe tou-
« jours de celui qui l'a précédé [1]. »

Il en est ainsi, sans aucun doute, car les idées dispersées
et distraites sur un grand nombre d'objets, sont moins disposées à se concentrer sur un seul. Exemple, le Gange, dont
le lit fut, dit-on, divisé par un roi de Perse en une multitude
de ruisseaux dont on n'avait rien à craindre, tandis qu'on
avait tout à redouter de la profondeur de ce grand fleuve. De
même, un corps d'armée dispersé se laisse facilement pénétrer par l'ennemi, comme un incendie épars se ralentit.
Enfin, toute force réunie s'accroît, divisée, elle diminue.
Écoute donc ce que je pense à cet égard. Il est alors fort à
craindre que, si tu venais à te soustraire à cette passion
exclusive, noble — s'il m'est permis de le dire — tu sois
entraîné vers d'autres créatures et que d'amant sérieux, tu te
fasses courtiseur de femmes, inconstant, volage. M'est avis
que, si tu dois inévitablement succomber, il est un moyen
plus avouable de succomber dignement. Veux-tu que je te
donne un conseil ? Prends ton courage à deux mains et fuis
si c'est possible ; tu ne feras, je le sais, que passer d'une
prison en une autre prison. En te déplaçant, peut-être auras-tu
l'espoir de la liberté, ou d'une servitude moins tyrannique.
Mais je n'approuve pas que tu te délivres d'un joug particu-

Tusculanes : « novo quodam amore veterem amorem tanquam clavo clavum
« ejiciendum putat. »

Voici le tercet entier auquel il est fait allusion ; il est tiré du premier
sonnet de Frà Guittone d'Arezzo :

> « Dall' un si scoglie e lega all' altro nodo,
> « Cotale ha questa malattia rimedio,
> « Come d'asse si trae chiodo con chiodo. »
>
> (Pétrarque.)

> « Cotal rimedio ha questo aspro furore,
> « Tal acqua suole spegner questo fuoco,
> « Come d'asse si trae chiodo con chiodo. »
>
> (Guittone d'Arezzo.)

Ovid., *Remed. Amor.*, v. 462.

lier pour ensuite courber la tête sous une infinité d'actes honteusement serviles.

Pétr. — Souffrez, médecin-avocat, que le malade, qui a conscience de son mal, prenne la parole.

Aug. — Pourquoi non ? On parvient souvent à trouver un remède opportun d'après les indications données de vive voix par le malade lui-même.

Pétr. — Sachez seulement que je ne puis avoir d'autre amour ; mon cœur s'en est fait une telle habitude, mes yeux se sont tellement accoutumés à la contempler, que tout ce qui n'est pas Elle me semble désagréable et sombre. Or, si vous m'engagez à aimer une autre femme pour me libérer de mon amour, vous m'imposez une obligation impossible, c'en est fait, je meurs.

Aug. — Tu n'as pas le sens commun, et ta passion oblitère ton jugement. Puisque tu rejettes les remèdes internes, il faut recourir à la médication externe. Peux-tu te faire à l'idée de fuir, de t'exiler, et de te priver de la vue des lieux que tu connais ?

Pétr. — Je le peux, quoique retenu par des liens d'une extrême tenacité.

Aug. — Si tu le peux, tu es sauvé. Je ne puis mieux faire à cette occasion que de te citer ce joli vers de Virgile, avec une légère variante : « Ah ! fuis cette contrée chérie, fuis ce « rivage aimé [1]. »

Comment, en effet, pourrais-tu vivre tranquille dans ce pays qui conserve les nombreuses empreintes de tes blessures, où tu es obsédé par la vue des faits présents et par le souvenir des événements passés ? Cicéron l'a dit, tu ne seras guéri, comme les malades convalescents, que par le changement de lieu.

---

[1]   Heu ! fuge dilectas terras, fuge littus amatum.

Virgile avait dit (*Enéid.*, liv. III, vers 44) :

    Heu ! fuge *crudeles* terras, fuge littus *amarum*.

PÉTR. — Voyez, je vous prie, ce que vous me prescrivez : chaque fois que j'ai désiré ma guérison, connaissant le moyen que vous me conseillez, j'ai essayé de fuir, et, bien que j'alleguasse différents prétextes, le motif véritable, le but unique de tous mes voyages et de mes retraites à la campagne, c'était la liberté. Pour l'obtenir, j'ai parcouru en tous les sens et l'occident, et le septentrion, et jusqu'aux confins de l'océan. A quoi cela m'a-t-il servi, vous le voyez. J'avais souvent présente à la pensée cette comparaison de Virgile : « Tel un cerf surpris, dans les forêts de la Crète, à qui, de « loin, un berger, par mégarde, a lancé un trait ; la flèche « emplumée est restée dans la plaie ; il fuit au travers des « bois et des collines, le trait mortel fixé à son flanc [1]. »

Je ressemble à ce cerf ; j'ai fui, mais j'emporte partout avec moi ma blessure.

AUG. — Tu réponds toi-même à la demande que tu m'adresses.

PÉTR. — Comment cela ?

AUG. — Parce que le changement de lieu augmente le mal, loin de le guérir, quand on voyage avec son mal. On peut, fort à propos, t'appliquer cette parole de Socrate, répondant à un jeune homme qui se plaignait de n'avoir retiré aucun profit de ses pérégrinations : « C'est, dit le philosophe, que « tu voyageais avec toi. » Il importe, d'ores et déjà, de te défaire de ce vieux bagage d'ennuis, puis, l'âme bien préparée, prendre alors la fuite.

Il est démontré qu'au physique, comme au moral, le patient doit être bien disposé, autrement la vertu de l'agent actif est inefficace. Autrement, irais-tu jusqu'à l'extrême limite des

---

[1]   .... Qualis conjecta cerva sagitta,
Quam procul incautam nemora inter Cresia fixit
Pastor agens telis, liquitque volatile ferrum
Nescius ; illa fuga sylvas saltusque peragrat
Dictæos : hæret lateri lethalis arundo.

(Virg., En., liv. IV, v. 70, 75.)

Indes que tu serais obligé de reconnaître la justesse de ce vers d'Horace : « Ils changent de climat, et non d'âme, ceux « qui courent au delà des mers [1]. »

Pétr. — Je suis dans une perplexité extrême ; vous m'indiquez les moyens de me traiter et de me guérir, traitement d'abord, guérison ensuite, et puis la fuite. Or, mon âme se demande comment elle sera guérie, et, si elle est guérie, de quoi d'ailleurs s'occuper ? Si elle ne l'est pas, à quoi bon se déplacer ; votre raisonnement tombe devant ce dilemme. Dites expressément de quels remèdes je dois user.

Aug. — Je n'ai parlé ni de la cure, ni de la guérison, mais de la préparation de ton âme ; au reste, en supposant que tu sois guéri, le changement de lieu assurera la pérennité de ta bonne santé ; mais, si tu n'es pas encore guéri, préparé seulement, il peut cependant amener ce résultat. Si rien de cela n'arrive, le changement de lieu, et les déplacements fréquents d'un séjour à un autre, auront pour effet d'émousser les irritations de la douleur. Je veux encore invoquer ici le témoignage d'Horace : « La raison et la sagesse, dit-il, nous « délivrent seules des chagrins, et non un lieu d'où l'on peut « contempler les flots de la mer au loin débordés [2]. »

Cette réflexion est juste. Tu t'en iras donc rempli d'espoir, et désireux de revenir. Où que tu ailles, traînant avec toi les entraves de ton âme, de quelque côté que tu te tournes, tu contempleras le visage et ouïras les paroles de celle que tu as abandonnée. Triste privilège des amoureux ! Absent, tu la verras, et tu l'entendras absente. Espères-tu, par ces subterfuges, éteindre ton amour ? Crois-moi, sa flamme y trouve un nouvel aliment. Aussi, les maîtres en l'art d'aimer recommandent-ils, entre mille autres choses, aux amants des absences courtes et répétées de temps en temps, de peur que la présence trop assidue n'engendre le dégoût des deux parts et ne fasse

[1] Hor., *Epist.*, lib. I, ep. xi, ad Bullatium.
[2] Hor., *Epist.*, *ibid.*

perdre de son prix à l'amour. C'est pourquoi je t'avertis, je te conseille, je t'ordonne de t'appliquer à oublier les chagrins dont ton âme est obsédée, en fuyant sans espoir de retour, tu comprendras alors ce que peut l'absence pour la guérison des âmes. Si le sort t'avait conduit en un pays malsain, pestilentiel, et que ta vie fût exposée continuellement aux maladies, ne le quitterais-tu pas pour n'y jamais revenir; à moins que peut-être — j'en ai grand peur — l'homme ait plus de souci de la santé de son corps que de celle de son âme.

Pétr. — Cela le regarde; pour moi je n'ai aucun doute à cet égard: si je devenais malade par l'insalubrité d'un lieu, je m'en préserverais en choisissant une localité plus salubre; je le ferais d'autant mieux s'il s'agissait de maladie de l'âme, mais ce serait, il me semble, une tâche plus difficile?

Aug. — C'est absolument faux, et j'ai pour moi l'autorité des plus grands philosophes. Toutes les maladies de l'âme sont guérissables, à moins que le patient n'y mette obstacle, quant aux maux physiques beaucoup sont incurables, par quelque moyen que ce soit. Au reste, — pour ne pas m'écarter de mon sujet, — je persiste dans mon opinion; en préparant l'âme, comme je l'ai dit, et en la disposant à quitter l'objet aimé, sans regarder derrière soi, sans attacher sa vue à ce qui le rappelle, c'est de cette façon que les voyages sont le salut des amants; pour toi, si tu désires la guérison de ton âme, tu sais ce que tu as à faire.

Pétr. — Voyez si je vous ai parfaitement compris; les voyages ne sont d'aucune utilité à une âme non préparée; malade, ils la guérissent, et guérie, ils la conservent; n'est-ce pas la conclusion de votre triple précepte?

Aug. — Assurément, il n'y en a pas d'autre, c'est bien le résumé sommaire de ce que j'ai dit.

Pétr. — Eh bien! sans que personne ne me l'apprenne, je saisis par ma propre intuition les deux premières vérités, quant à la troisième, je ne comprends pas, comment une âme guérie et à l'abri d'une rechute peut avoir besoin d'absence, à moins que la crainte d'une récidive ne vous oblige à parler ainsi.

Aug. — Te semble-t-il d'une minime importance de considérer comme redoutable, plus encore pour l'âme que pour le corps, une rechûte qui est plus facile et plus dangereuse? Aussi Sénèque, d'accord avec la nature, a-t-il émis cette réflexion salutaire, dans une de ses lettres où il dit : « Si un « homme s'évertue à se délivrer de son amour, il doit éviter « tout ce qui lui rappelle l'objet aimé. » Et il en donne le motif : « Parce que rien n'est plus sujet à recrudescence que « l'amour. » Parole d'une très grande vérité et qui dénote une expérience profonde ; dans cette circonstance je n'invoquerai aucun autre témoignage pour te convaincre.

Pétr. — C'est vrai, j'en conviens; mais remarquez que cela s'applique non à celui qui s'est délivré de son amour, mais à celui qui fait ses efforts pour s'en délivrer.

Aug. — Sénèque parle de celui qui est le plus près du péril. Or, toute blessure, avant d'être cicatrisée, toute maladie avant sa guérison, ont à redouter ce qui peut les irriter, et quelle qu'ait été leur gravité au début, on peut ensuite en attendre une heureuse issue. Et comme les exemples personnels frappent mieux les esprits, tu sais, toi qui parles, combien souvent dans cette ville, qui fut, je ne dirai pas la cause, mais le théâtre de toutes tes misères, tu paraissais être guéri, et tu l'étais en grande partie si tu avais pris le parti de fuir ; circulant dans des quartiers connus, et te remémorant au seul aspect des lieux tes anciennes vanités, sans rencontrer personne, tu t'arrêtais stupéfié, le cœur gros de soupirs, enfin, pouvant à peine retenir tes larmes, alors, brisé de douleur, tu te mettais à fuir, en t'écriant : Je sens qu'il y a encore ici des pièges dressés par mon ancien ennemi, et comme des restes de mort. En conséquence, si tu veux m'en croire, il n'est pas sage de rester plus longtemps dans ce pays, quand même tu serais fort, ce qui n'est pas. Il ne convient pas à un homme chargé de chaînes de flâner au voisinage des portes d'une prison, dont le geôlier rôde tout à l'entour avec un soin vigilant, préparant des entraves à ceux surtout qu'il regrette de voir lui échapper : « il est facile de « descendre dans l'Averne, nuit et jour la porte de la divinité « infernale est ouverte [1]. »

Si, comme je l'ai dit, ceux qui sont valides ne peuvent s'entourer de trop de précautions, que sera-ce pour ceux que la maladie n'a pas encore quittés? C'est à ces derniers, qui courent un plus grand danger, que Sénèque donne ce conseil; quant aux premiers il serait inutile de s'en occuper, torturés qu'ils sont au milieu des flammes sans songer à leur délivrance. Il s'adresse à cette première catégorie, ceux qui brûlent encore, mais qui ont dessein de sortir des flammes. Il est nuisible à beaucoup de convalescents de boire de l'eau même en petite quantité, qui leur eût été salutaire avant leur maladie; un léger exercice exténue celui qui est fatigué d'avance, et qu'un homme jouissant de toutes ses forces supporterait sans peine. Et cependant, qu'il faut peu de chose pour replonger dans d'extrêmes misères une âme libérée! La pourpre sur les épaules d'un autre renouvelle votre ambition; la vue d'un monceau d'écus sollicite votre convoitise; l'aspect de la beauté plastique enflamme vos désirs; un doux regard réveille l'amour endormi. Ces maux funestes reviennent d'autant plus facilement assaillir nos âmes, que, grâce à notre démence, elles en ont déjà, une première fois, connu le chemin. Puisqu'il en est ainsi, ce n'est pas seulement le lieu pestiféré qu'il faut fuir avec le plus grand soin, mais tout ce qui rappelle à la pensée tous les soucis passés, pour ne pas agir comme Orphée, revenant des enfers, et regardant derrière lui; tu perdrais ainsi ton salut. Voilà le résumé de notre consultation.

Pétr. — Je l'accepte et vous remercie; je trouve le remède approprié à ma faiblesse, je songe à fuir, mais je suis encore

---

[1] Virg., *En.*, liv. VI, v. 126, 127.

indécis sur le point où je dois de préférence diriger mes pas.

Aug. — Bien des routes te sont ouvertes en diverses directions, et des ports nombreux autour de toi; je sais que l'Italie surtout te plaît; tu portes en ton cœur ta chère patrie, et ce n'est pas sans raison : « Car, ni l'opulente Médie, ni le superbe Gange, ni l'Hermus qui roule des sables d'or, ni l'Inde, ni la Bactriane, ni la Panchaïe, dont le sol fertile produit partout l'encens, ne peuvent rivaliser avec l'Italie[1]. »

Ce passage de l'illustre poète est aussi exact qu'éloquent. Naguère, dans une pièce de vers adressée à un ami, tu as développé cet éloge. Je t'engage donc à revoir l'Italie, parce qu'aucun séjour ne sera plus favorable à l'oubli de tes chagrins, soit par ses mœurs et ses habitants, soit à cause de son climat, de sa ceinture de deux mers, de ses Apennins qui la partagent dans sa longueur, et de ses sites pittoresques. Je ne voudrais pourtant pas que tu te fixasses dans un coin exclusivement. Va, sois heureux partout où tu auras envie d'aller, va sans crainte, hâte-toi, ne regarde pas en arrière, oublie le passé, ne songe qu'à l'avenir; trop longtemps déjà tu as été exilé de ta patrie et de toi-même. Il se fait tard et la nuit est complice des voleurs; je me sers de tes propres expressions pour te donner des avis.

Il est une chose que j'allais passer sous silence; sois en garde contre la solitude tant que tu sentiras un reste de ta maladie. Tu as reconnu que tes divers séjours à la campagne ne t'ont servi à rien, faut-il s'en étonner? Quel remède, dis-moi, comptais-tu trouver dans cette Thébaïde si dépeuplée et si reculée? Je puis en parler puisque tu es seul : souvent j'ai ri de bon cœur en te voyant soupirer en fuyant et jetant un regard vers la ville, et je me disais alors : voici un malheureux à qui l'amour a mis un bandeau mortel sur les yeux et lui a fait perdre la mémoire de ces deux vers très connus par tous les enfants, pour fuir la mort il court à la mort.

[1] Virg., *Georg.*, liv. II, v. 136 et suiv.

Pétr. — Voyons, quels sont ces vers?

Aug. — Ils sont d'Ovide : « Amant, qui que vous soyez,
« évitez la solitude, la solitude est dangereuse pour vous.
« Pourquoi fuir? Vous serez plus en sûreté au milieu de la
« foule [1]. »

Pétr. — Je me les rappelle très bien, dès mon enfance ils
m'étaient familiers.

Aug. — A quoi t'a servi tant d'érudition, si tu n'as pas su
en tirer parti pour ton usage? J'étais d'autant plus étonné de
ton erreur en recherchant la solitude que tu connaissais les
autorités des anciens qui lui sont contraires, et même tu en
avais admis de nouvelles. Aussi tu t'es plaint souvent que la
solitude ne t'avait été d'aucun secours, plusieurs de tes écrits
en font foi, et surtout cette épître [2] dans laquelle tu dépeignais
si poétiquement ta situation. J'étais enchanté en te voyant
écrire ce poème, et je restais stupéfait d'entendre sortir de
ta bouche insensée, au milieu des orages de ton âme, des
vers si harmonieux; quelle tendresse pouvaient avoir les
muses, émotionnées par des troubles si grands, et par le
délire suprême de leur hôte, pour n'avoir pas déserté leur
séjour habituel? Platon n'a-t-il pas dit qu'un homme dans son
bon sens frappe en vain au seuil poétique? Et Aristote son
successeur, prétend sous un autre point de vue, et qui n'a
aucun rapport avec ce genre d'insanité, qu'il n'est point
d'homme de génie sans un grain de folie. Nous en parlerons
ailleurs.

Pétr. — C'est vrai, j'en demeure d'accord. Mais je ne
pensais pas avoir composé des poésies qui eussent à juste
titre le don de vous plaire, j'en suis bien aise, je vais désormais aimer cette épître. Si vous connaissez quelqu'autre
remède je vous prie de ne pas le refuser à qui en a besoin.

Aug. — Entrer dans le détail de choses déjà connues, c'est

[1] Ovide, *du Remède de l'Amour*, v. 581, 582.
[2] Liv. 1, ép. vi, ad Jacob. Columnam.

faire preuve d'ostentation, plutôt que d'amical *conseilleur*. On n'a pas inventé un aussi grand nombre de remèdes, internes et externes, contre les maladies pour les employer tous dans n'importe quels cas.

Aussi, Sénèque, écrivant à Lucilius, dit-il que rien ne nuit plus à la santé que le changement fréquent des remèdes. Une plaie ne parvient pas à se cicatriser, si on use de topiques trop variés, mais si le premier échoue, il faut recourir à un autre. Ainsi donc, bien qu'il existe des moyens nombreux et divers contre cette maladie de l'amour, je me contenterai de t'en indiquer quelques-uns. J'ai l'espoir que ceux-là seront pour toi d'une très grande utilité. Non pas que j'aie la prétention de t'apprendre rien de nouveau, mais ces moyens connus et vulgarisés, tu en jugeras, me semblent doués d'efficacité.

Il y a trois choses, dit Cicéron, qui délivrent l'âme de l'amour : la satiété, l'honneur, la réflexion. On en pourrait compter beaucoup d'autres moins importantes, mais ne parlons que de ces trois-là, à la suite de l'illustre écrivain.

Il est inutile de s'occuper de la première, car tu comprends que, dans le cas présent, il est impossible qu'il y ait pour toi satiété dans l'amour. Or, si la convoitise se laissait guider par la raison, si le passé préjugeait l'avenir, tu avoueras sans peine que la satiété, le dégoût, la répulsion même de l'objet aimé en pourraient résulter. Je suis bien convaincu que l'insistance sur ce chapitre serait peine perdue, et si la satiété était possible, elle tuerait l'amour, quand l'amour est là. Tu prétends, dans l'ardeur de tes désirs, que tu es bien éloigné de la satiété, et moi-même je n'y contredis pas. Je passe aux deux autres articles.

Tu ne contesteras pas, je pense, que la nature t'a gratifié d'un certain esprit et d'une âme sérieuse.

Pétr. — Si je ne m'abuse sur mon propre compte, cela est d'autant plus vrai que maintes fois j'ai vu avec peine que je n'étais pas assez sympathique au sexe, ni au monde, où, comme vous voyez, il n'y a que des impudents ; pour eux sont les honneurs, les promesses, les richesses, devant eux le mérite, la fortune ne sont rien.

AUG. — Ne vois-tu pas quel antagonisme il y a entre l'amour et la pudeur? Si l'un s'empare de l'âme, l'autre la retient; pour elle, l'un est l'éperon et l'autre le frein, l'amour ne tient compte de rien, la pudeur observe tout avec circonspection.

PÉTR. — Je vois avec un profond chagrin que je suis tiraillé par des sentiments bien divers; j'en suis assailli tour à tour, au point que mon âme en est troublée, je ne sais pas encore à quelle impulsion j'obéirai.

AUG. — Dis-moi, de grâce, si, ces jours-ci, tu t'es regardé dans ton miroir?

PÉTR. — Pourquoi cette question, je vous le demande? oui, j'en ai l'habitude.

AUG. — Plût à Dieu que tu ne te fusses pas regardé si souvent ni si complaisamment sans nécessité; je veux savoir de toi si tu as remarqué les changements que ton visage subissait de jour en jour, et si tu t'es aperçu que des cheveux blancs se montraient aux tempes au milieu de ta brillante chevelure.

PÉTR. — Je croyais que vous alliez me dire quelque chose d'extraordinaire; c'est le sort commun à tous ceux qui naissent, grandissent, vieillissent et meurent. J'ai observé en moi ce qui arrive à tous mes contemporains, je ne sais pourquoi presque tous les hommes vieillissent plus vite à présent qu'autrefois.

AUG. — La vieillesse des autres ne te donnera pas la jeunesse, pas plus que leur mort ne t'accordera l'immortalité. Mais, laissons cela, revenons à toi. Eh bien! la vue de ce changement physique n'a-t-elle donc pas quelque peu changé ton âme?

PÉTR. — Elle l'a assurément ébranlée, mais elle ne l'a pas changée.

AUG. — Dans quelle disposition d'esprit étais-tu alors, et que disais-tu?

Pétr. — Ce que disait, croyez-moi, l'empereur Domitien :
« Je porte bravement ma chevelure qui vieillit sur ma tête
« encore jeune. » Je me console, devant un tel exemple,
d'avoir quelques cheveux blancs. J'ai cité un César, j'y joindrai un
roi. Numa Pompilius, qui le second ceignit le bandeau royal à
Rome, eut, dit-on, dès sa jeunesse des cheveux blancs. Les
citations poétiques non plus ne manquent pas ; notre Virgile,
qui avait trente-deux ans quand il composa les *Bucoliques*,
parle de lui-même, sous l'allégorie d'un berger, quand il
dit : « Après que ma barbe déjà blanche fut tombée sous le
« rasoir [1]. »

Aug. — De pareils faits sont très nombreux ; plût à Dieu
que tu pusses en citer autant pour te faire penser à la mort !
Je n'approuve pas de pareils exemples qui ne t'apprennent
pas à reconnaître que les cheveux blancs sont les témoins
d'une vieillesse imminente, et les précurseurs de la mort.
Que t'enseignent-ils en effet, sinon à mépriser le temps
qui fuit, et à oublier l'instant suprême, dont le souvenir
incessant est l'objet de tout notre entretien ? Et toi, quand je
t'engage à regarder ta chevelure qui blanchit, tu me présentes
une foule de personnages à cheveux blancs. Dans quel but ?
Si tu me disais que leur canitie les a rendus immortels, tu
pourrais, fort de leur exemple, ne pas redouter la canitie. Si
je t'avais parlé de la calvitie, tu m'aurais cité, je pense, Jules
César.

Pétr. — Sans contredit ; car en est-il de plus illustre ?
C'est, si je ne m'abuse, une grande consolation que d'être en
compagnie de gens d'un tel mérite ; oui, je l'avoue, je ne
rejette pas plus de pareils exemples que si c'était un bagage
quotidien à porter. J'accepte avec plaisir l'ennui de ces désagré-
ments naturels ou accidentels, aussi bien que ceux qui peuvent
surgir à l'improviste ; je n'en prendrais pas facilement mon
parti sans un effort de ma raison ou d'éclatants exemples. Si

[1] Virg., *Egl.*, I, 28.

donc vous me blâmiez d'avoir peur du bruit du tonnerre, frayeur réelle je ne puis le nier, et c'est principalement pour cela que j'aime le laurier qui, dit-on, n'est jamais frappé de la foudre, je vous répondrais que l'empereur Auguste était affecté de la même faiblesse. Si vous disiez que je suis aveugle, je ressemblerais à Appius Cœcus et à Homère le prince des poètes. Si j'étais borgne, je me comparerais à Annibal, le général carthaginois, ou à Philippe, le roi de Macédoine; si j'avais l'oreille dure, je serais comme Marcus Crassus; si je supportais impatiemment la chaleur, je ressemblerais à Alexandre-le-Grand; c'est assez, vous pouvez juger du reste par ceux-là.

Aug. — Parfaitement, ce luxe de citations ne me déplaît pas, pourvu que tu ne deviennes pas pusillanime, et que la peur, comme la tristesse soient dissipées pour longtemps; quoi qu'il en soit, je te félicite, parce que tu ne redouteras pas la vieillesse quand elle viendra, et ne la maudiras pas quand elle sera venue. Tout ce qui contribue à faire croire que la vieillesse n'est pas le crépuscule de notre vie, et qu'il ne faut pas songer à la mort, m'irrite et m'exaspère au dernier point. Je le répète, l'indice d'un bon naturel est de supporter, de bon gré, une canitie précoce; mais chercher à retarder les progrès d'une vieillesse normale, dissimuler son âge, accuser ses cheveux de blanchir trop tôt, les cacher, ou les arracher, est une grande et générale sottise.

Ne vous rendez-vous pas compte, aveugles que vous êtes, de la rapidité du cours des astres qui, dans leur fuite, dévorent et consument les instants de votre très courte existence, et vous vous étonnez que la vieillesse arrive hâtée par la brièveté de chaque jour.

Deux choses vous entretiennent dans ces absurdités. D'abord, parce qu'il y a des personnes qui divisent cette vie très bornée, les uns en quatre, les autres en six stades, quelques-uns même en un plus grand nombre. Ainsi cette chose si exiguë, ne pouvant l'allonger, vous essayez à l'étendre en la subdivisant. Mais ce sectionnement à quoi sert-il ? Faites des divisions tant qu'il vous plaira, en un clin d'œil toutes disparaissent presque en même temps :

« Vous venez de naître, bientôt vous êtes un bel enfant, « déjà un adolescent, déjà un homme. »

Remarque avec quelle vivacité d'expressions un poète fort ingénieux a dépeint le cours fugitif de la vie. C'est donc en vain que vous vous évertuez à étendre ce que la loi de la nature, notre mère à tous, s'est plu à restreindre.

En second lieu, vous vieillissez au milieu des amusements et des joies décevantes. C'est ce que ne virent pas les Troyens passant dans les jeux leur dernière nuit : « .... lorsque le funeste « cheval fut introduit dans Troie avec les soldats qu'il portait « dans ses flancs [1]. » C'est ainsi que vous ne sentez pas la vieillesse, apportant avec elle la mort tout armée, sans pitié, franchissant vos murailles mal gardées, jusqu'au moment où, enfin, « les ennemis lâchant les liens, envahissent la ville, « plongée dans le sommeil et l'ivresse [2]. » Et vous, comme les Troyens, vous êtes ensevelis dans les jouissances temporelles qui appesantissent le corps.

Le poète satirique dit en très bons termes sur le même sujet :

« Telle qu'une fleur passagère, la vie si courte et si misé- « rable s'écoule rapidement, tandis que parfumés, couronnés « de roses nous épuisons les plaisirs de Bacchus et de Vénus, « la vieillesse se glisse sans que nous en ayons conscience [3]. »

Et toi, pour revenir à mon sujet, essaieras-tu de repousser la vieillesse qui se glisse et frappe déjà à ta porte ? Diras-tu que, par une infraction aux lois de la nature, elle est venue avant le temps ? Tu es content lorsque quelqu'un, encore peu avancé en âge, s'est rencontré pour t'affirmer qu'il t'a vu tout petit enfant, et s'il prétend que c'est hier ou avant-hier,

---

[1] Virg., *Eneid.*, liv. VI, v. 516, 517.
[2] Virg., *Eneid.*, liv. VI, v. 520, 521.
[3] Juvenal., sat. IX, v. 126 et suiv.

comme on dit communément. Tu n'as pas réfléchi qu'on en peut dire autant d'un vieillard parvenu à la décrépitude. Qui donc, en effet, n'a pas été un enfant hier, et certes ne l'est pas encore aujourd'hui? Nous voyons des enfants nonagénaires discutant à tort et à travers de très viles questions, et ne s'occupant que d'enfantillages. Cependant, les jours passent, le corps s'affaiblit, le caractère ne change pas; tout se décompose, mais il est tel homme qui ne parvient jamais à maturité; aussi, ce dicton populaire est-il vrai: une seule âme peut user plusieurs corps. « L'enfance passe, dit Sénèque, mais la « puérilité reste. » Tu peux avoir foi en mes paroles; tu n'es pas aussi jeune que tu sembles peut-être le croire, car la majorité des hommes n'atteint pas l'âge où tu es parvenu. Rougis donc de passer pour un vieillard amoureux, d'être depuis si longtemps la fable du monde. Si tu ne te sens pas attiré par le prestige de la véritable gloire, et si tu es insensible à l'ignominie, il faut cependant que ta conversion vienne en aide à la pudeur d'autrui. Il faut, si je ne me trompe, veiller sur sa propre réputation, ne serait-ce que dans le seul but de libérer ses amis de la honte de mentir. C'est un devoir pour tout le monde, et pour toi tout particulièrement, afin de justifier cet immense public qui parle de toi. « Ce « n'est pas une petite tâche que la garde d'une grande re-« nommée [1]. »

Si dans ton poème *Africa* tu fais dire à ton Scipion par son terrible ennemi qui lui demande conseil, cette belle parole, permets à ton père affectueux de t'adresser la même recommandation. Renonce aux niaiseries puériles, aux effervescences de jeunesse, ne t'absorbe pas sans cesse dans le passé, considère quelquefois le présent, ne crois pas que c'est inutilement que ton miroir est devant tes yeux; rappelle-toi ce qui est écrit dans les questions naturelles : « les miroirs

---

[1] Magnus enim labor est magnæ custodia famæ.
(Pétrarque, *Africa*, liv. VII, v. 292).

« ont été inventés pour que l'homme se connaisse lui-
« même [1]. »

De là, une foule de conséquences, d'abord la connaissance
de soi, ensuite une sorte d'avertissement. Celui qui était beau
évitait de se dégrader, et celui qui était laid tâchait de rache-
ter par des vertus ce qui lui manquait du côté des qualités
du corps; le jeune homme savait que son âge est la saison
des études et de la préparation aux actions viriles; le vieillard
apprenait à renoncer aux plaisirs des sens, et à songer de temps
à autre à la mort.

PÉTR. — Ce que j'ai lu une fois, je m'en souviens toujours;
le fait est digne de remarque, et le conseil est salutaire.

AUG. — A quoi sert de lire et de se ressouvenir? Ne vau-
drait-il pas mieux s'abriter de son ignorance pour s'excuser;
n'est-ce pas une honte, quand on sait tout cela, que la canitie
n'apporte aucun changement?

PÉTR. — J'en rougis, je le regrette, et je m'en repens,
mais je ne puis faire autrement. Vous savez bien où je puise
mes consolations, Laure vieillit en même temps que moi.

AUG. — Tu répètes, ce me semble, un mot de Julie, fille de
César Auguste. Son père lui reprochait de ne pas fréquenter
des personnes d'âge mûr, comme faisait Livie; elle répondit
plaisamment et avec infiniment d'à-propos à la remontrance
paternelle : « Mes jeunes amis vieilliront avec moi. » Mais,
je te le demande, crois-tu qu'il serait plus convenable, toi,
déjà vieux, d'aimer une femme déjà vieille aussi, que
d'adorer une jeune? Ce serait bien plus inconvenant, car
l'amour aurait bien moins sa raison d'être. C'est une honte
que ton âme ne change jamais quand ton corps change continuellement. Voilà ce que j'avais à dire de la pudeur en ce
moment. Au reste, comme le veut Cicéron, puisqu'il existe
une discordance marquée entre la raison source de tout
remède, et la pudeur qu'elle remplace, implorons le secours

---

[1] Sénèque, Quest. Nat., l. I, p. 17. Ed. Mich. Lévy.

de la raison. Nous l'obtiendrons au moyen d'une profonde méditation. Car c'est la raison que j'ai mise au troisième rang des remèdes contre l'amour. Tu comprends maintenant que là est ton refuge, là seulement tu peux être en sûreté contre les assauts des passions pour te montrer véritablement homme.

Pense surtout à la noblesse de l'âme, qui est telle que si je voulais en discourir, il me faudrait écrire tout un livre.

Pense à la fragilité et à la corruption du corps humain, matière non moins apte à de longs développements.

Pense à la brièveté de la vie sur laquelle des hommes éminents ont écrit des traités.

Songe à la fuite du temps, dont aucune langue ne peut exprimer la rapidité ; à la certitude de la mort et à l'incertitude de son heure qui nous menace toujours et partout ; à l'illusion de ceux qui croient pouvoir différer ce qui n'est pas différable. Personne, en effet, n'est assez oublieux de soi-même qui, si on l'interroge, ne réponde qu'il doit mourir un jour. Or, pour ne pas te bercer de l'espoir d'une longue vie, espoir que caresse une foule de gens, il est bon, crois-moi, de s'attacher à ce vers qui ressemble à un oracle du ciel : « Regardez chaque jour comme le dernier qui vous éclaire[1]. »

Est-ce que tout homme n'est pas à la veille, ou à peu près de son jour suprême ?

Songe encore combien il est honteux d'être montré au doigt, et d'être la fable du public ; combien ta conduite est peu conforme à ta profession, ce qui a nui à ton âme, à ton corps, à ta fortune, aussi, à cause de cela, n'en as-tu retiré aucun avantage.

Songe à tes nombreuses déceptions, à la déconsidération à laquelle tu as été maintes fois exposé, au peu de cas qu'on a souvent fait de ta personne. Rappelle-toi tes *concetti* galants,

Omnem crede diem tibi diluxisse supremum.
(Hor., *Epist.* I, 4, v. 13.)

les pleurs, tes gémissements sans trêve, emportés par le
vent, et le regard altier et quelquefois mécontent de cette
Dame; si, par hasard, elle semblait s'humaniser, c'était moins
durable qu'une légère brise d'été. Souviens-toi de tout ce que
tu as fait pour accroître sa renommée, de la somme de temps
que tu as dépensée pour elle, combien tu avais souci de son
nom, et combien elle fut indifférente à ton état. N'oublie pas,
qu'à cause d'elle, tu t'es éloigné de l'amour de Dieu. En quel
abîme de misères es-tu tombé! tu le sais, je n'en parle pas,
afin de ne pas encourir de blâme si, par hasard, quelqu'un
venait à nous écouter.

Songe aux travaux sans nombre qui te réclament de toute
part, ils contribueraient à ton avantage et à ton honneur si tu
voulais t'y livrer, car, combien restent inachevés entre tes
mains, et qui demandent qu'on leur fasse légitimement droit,
en ne leur accordant, contre toute justice, qu'une part trop
minime de ton temps déjà si court? Enfin, quoi qu'il en soit
de tes ardents désirs, il faut y penser résolument, virilement,
pour que, dans ta fuite, te ne restes pas plus étroitement
enlacé; comme il arrive souvent à ceux qui se laissent
prendre aux charmes de la forme extérieure, et usent des
pires remèdes. Or, il est peu d'hommes qui, après avoir été
infectés du virus des décevantes voluptés, ne réfléchissent
jamais assez sérieusement, pour ne pas dire assez constamment
sur les laideurs féminines dont je parle. Les âmes deviennent
aisément relaps, et, la nature aidant, elles retombent surtout
du côté où elles ont penché le plus longtemps.

Pour parer à ces accidents, il faut se précautionner avec
un soin extrême. Chasse de ton esprit tout souvenir de tes
soucis passés, toute idée qui rappelle ton état et le cours des
choses d'antan; et suivant le Psalmiste : « brise tes petits
« enfants contre la pierre, car s'ils venaient à grandir, ils
« te précipiteraient dans le bourbier [1]. »

[1] Psalm., cxxxvi, v. 9.

En attendant, il faut adresser au ciel de ferventes prières, sans craindre de fatiguer les oreilles du souverain Maître de tes pieuses oraisons; ne laisser passer ni un seul jour, ni une seule nuit sans supplications avec larmes, pour que le Tout-Puissant, dans sa miséricorde, mette un terme à d'aussi grands maux. Voilà ce que tu as à faire, les précautions à prendre; et si tu les gardes exactement, le secours divin, je l'espère, ne te manquera pas, et la main du Libérateur invincible te viendra en aide. Mais puisque nous nous sommes déjà entretenus longuement sur une seule de tes maladies, trop peu cependant pour le besoin que tu en avais, mais assez pour la brièveté du temps dont nous avons à disposer, passons à un autre sujet. Il reste une dernière maladie dont je vais essayer de te guérir.

PÉTR. — Faites, ô père plein de mansuétude, car, quoique je ne sois pas encore tout à fait délivré des autres, je me sens néanmoins en grande partie soulagé.

AUG. — Tu ambitionnes la gloire mondaine, et l'immortalité de ton nom plus qu'il n'est raisonnable.

PÉTR. — Je l'avoue franchement, et ce violent désir je ne sais aucun moyen de le réfréner.

AUG. — Crains par-dessus tout que cette vaine mortalité trop souhaitée ne te ferme le chemin de la véritable immortalité.

PÉTR. — C'est là ce que je redoute le plus; mais par quels procédés puis-je me garantir? je vous le demande à vous surtout qui déjà m'avez procuré des remèdes contre mes plus grandes maladies.

AUG. — Tu n'as certainement pas éprouvé de maladie plus grave, quoiqu'il y en ait peut-être de plus déshonorantes. Qu'est-ce donc que la gloire tant recherchée par toi?

PÉTR. — Est-ce une définition que vous voulez, vous qui la connaissez mieux que personne?

AUG. — Tu connais la gloire de nom seulement, quant à la chose si l'on en juge par les faits, on dirait qu'elle t'est inconnue, car, si tu savais ce qu'elle est tu ne la convoiterais pas avec tant d'ardeur. Certes, la gloire, qu'elle soit éclatante et partout répandue pour des services à ses concitoyens, à la patrie ou pour quelque genre de mérite que ce soit, n'est que la renommée. Cicéron le dit dans un passage de ses discours, ou bien encore l'éloge public d'une personne, comme il l'a écrit ailleurs, dans l'un et l'autre cas, la gloire, la renommée sont la même chose. Or, sais-tu ce que c'est que la renommée ?

PÉTR. — Je ne saurais le dire présentement; je crains de faire preuve d'ignorance, m'est avis qu'il vaut mieux garder le silence.

AUG. — C'est de la prudence et de la modestie, car en toute discussion sérieuse, où s'agite le pour et le contre, il faut être attentif moins à ce qu'on dit qu'à ce qu'on ne doit pas dire. Or, le mérite de bien dire ne peut se comparer au tort de mal dire. Tu sauras donc que la renommée, la réputation si tu veux, n'est pas autre chose que l'éloge d'une personne qui se répand partout et se répète de bouche en bouche.

PÉTR. — C'est cela; voilà une définition, ou, si vous le préférez, une description que j'accepte.

AUG. — Donc, ce n'est qu'une sorte de souffle léger, qu'une brise mobile, et, ce qui va te déplaire, c'est le bruit de la foule. Je sais à qui je parle; pour toi rien n'est plus haïssable que les faits et gestes de la plèbe. Vois donc dans quelle aberration de jugement tu es tombé, tu critiques la conduite de ceux dont tu accueilles avec plaisir les compliments; Dieu veuille, du moins, que cette complaisance ne soit pas pour toi la suprême félicité. Pourquoi, en effet, ce travail perpétuel, ces veilles prolongées, cette ardeur si vive pour l'étude? Tu répondras, peut-être, afin de savoir ce qui peut t'être utile pour bien vivre ; mais, depuis longtemps déjà tu sais ce qui est nécessaire pour vivre et mourir. Il était pourtant préférable de mettre en pratique ces études plutôt que de te livrer à ces pénibles recherches qui offrent sans cesse des aperçus nouveaux, des difficultés insurmontables et obligent à des investigations sans fin. Tu noteras aussi que tu as traité avec amour les œuvres destinées à charmer le public, t'ingéniant à plaire à ceux qui te déplaisaient le plus. De là ces poésies, de là ces histoires, enfin toutes ces fleurs de rhétorique éditées dans le but de chatouiller l'oreille des auditeurs.

PÉTR. — Pardon, s'il vous plait, je ne puis vous laisser parler ainsi sans répondre. Jamais, depuis que je suis sorti de l'enfance, je ne me suis amusé aux belles phrases savantes; j'ai même noté les vives critiques de Cicéron à propos des *tortureurs* de périodes [1]. Et Sénèque particulièrement n'a-t-il pas dit qu'il est indigne d'un homme d'orner son style de fleurs, se faire une réputation à la faveur de banalités, et ne s'en rapporter qu'à sa mémoire?

AUG. — En te tenant ce langage je ne t'accuse ni de stérilité ni de manque de mémoire, mais d'avoir réservé pour le plaisir de tes amis les plus belles fleurs que tu cueillais, puis, détachant, comme d'une gerbe, les plus élégantes, tu les as publiées pour l'usage de tes intimes. C'est une véritable prostitution en vue d'une vaine gloire. Enfin, non satisfait de ce labeur quotidien, dont tu te promettais, malgré l'énorme dépense de temps, une renommée temporaire, tu as porté tes vues plus loin, en songeant à transmettre ton nom à la postérité. Alors, abordant des matières plus importantes, tu as entrepris d'écrire l'histoire romaine depuis Romulus le premier roi, jusqu'à Titus César; œuvre immense, travail de longue haleine, qui n'est pas encore arrivé à son terme.

Possédé d'un vif amour de la gloire, tu as exécuté une sorte de navigation poétique en Afrique, et aujourd'hui tu travailles avec tant d'ardeur à ton épopée africaine, sans négliger les innombrables productions, que tu y consacres ta

---

[1] Litterarum laceratores. (Cic., *Acad.*)

vie entière, t'occupant de personnalités étrangères, et t'oubliant toi-même, prodigue du bien le plus précieux et le plus irréparable, le temps. Sais-tu si la mort ne viendra pas t'arracher des mains ta plume déjà lasse, avant l'achèvement de ton œuvre, de telle sorte que, dans cette poursuite immodérée de la gloire, en parcourant cette double voie, ni l'une ni l'autre ne te mène au but de tes désirs?

PÉTR. — Je l'ai craint, je l'avoue, lorsque, aux prises avec une maladie grave, j'ai redouté une mort prochaine. Mon plus amer regret, en ce moment, était de laisser à moitié achevé mon poème de l'*Afrique*. Dans l'appréhension de corrections étrangères, j'étais résolu à le livrer aux flammes de mes propres mains, ne me fiant à aucun de mes amis pour me rendre ce service après ma mort. Il me souvenait que, dans une circonstance semblable, ce fut le seul vœu de notre Virgile qui n'ait pas été exaucé par l'empereur Auguste. J'abrège; il s'en fallut peu que l'Afrique si voisine des feux toujours brûlants du soleil, et trois fois incendiée du levant au couchant par les Romains, ne devînt encore, par mon fait, la proie des flammes. J'en ai parlé ailleurs, c'est toutefois une réminiscence pénible.

AUG. — Ton récit confirme mon opinion. C'est un moyen dilatoire, un ajournement à la solution, mais la raison n'en persiste pas moins. Quoi de plus insensé que de se donner tant de peine pour un résultat aussi incertain! Je sais bien, en fin de compte, ce qui t'encourage à continuer ton œuvre commencée, c'est uniquement l'espoir de l'amener à sa perfection; et quoiqu'il ne soit pas facile, si je ne m'abuse, de l'amoindrir, j'essaierai pourtant d'en parler plus au long en te démontrant que cette œuvre n'est pas proportionnée au travail énorme auquel tu te livres. Mais figure-toi avoir largement à ton service le temps, le loisir, la tranquillité, voir disparaître toute défaillance d'esprit, toute langueur corporelle, les embarras, les obstacles, qui ralentissant ta verve d'écrivain, arrêtent souvent la vélocité de ta plume; figure-toi obtenir un succès complet au delà de tes espérances, eh bien ! alors quelle entreprise magistrale croiras-tu avoir accompli?

PÉTR. — Oh! splendide, rare, excellente, un chef-d'œuvre.

AUG. — Je n'y contredis pas trop; c'est une œuvre splendide, je te l'accorde, mais si tu savais quelle œuvre plus splendide elle empêche, tu aurais horreur de ce qui te plaît tant. J'ose te dire qu'elle distrait surtout ton esprit d'occupations meilleures ; et puis cette chose splendide ne s'étend pas loin, et ne dure pas longtemps, limitée qu'elle est par l'exiguité des lieux et la brièveté du temps.

PÉTR. — Je connais cette fable vieille et usée chez les philosophes, que la terre entière est un point imperceptible dans l'univers ; l'âme seule existe pendant des milliers incalculables d'années, la gloire humaine ne peut ni occuper ce point, ni remplir l'âme, et autres choses de même genre qui, pour l'amour de la gloire ont oblitéré l'esprit de l'homme. Donnez-moi, je vous prie, des raisons plus valides, elles sont plus spécieuses qu'efficaces, à mon avis. Je ne songe pas à me faire Dieu, pour jouir de l'éternité, et remplir le ciel et la terre, la gloire humaine me suffit, c'est après elle que j'aspire, et mortel moi-même je ne convoite que des choses mortelles.

AUG. — Si c'est là véritablement ta pensée, tu es bien malheureux ; si tu ne désires pas les biens immortels, si tu ne tournes tes regards vers les dons éternels, tu n'es qu'un être terrestre, c'en est fait de ton sort, il n'y a plus d'espoir.

PÉTR. — Que Dieu me préserve d'une telle folie, j'ai toujours brûlé d'amour pour l'éternité; j'en prends à témoin mon cœur qui connaît mes peines; mes paroles ont peut-être trahi ma pensée ; j'ai voulu dire ceci : j'use des choses mortelles en tant que mortelles, et je ne m'évertue point à faire violence à la nature des choses par l'excès et la multiplicité de mes désirs. J'ambitionne la gloire humaine, sachant bien que l'un et l'autre nous sommes mortels.

AUG. — C'est parler sagement dans un sens, et d'une façon

bien absurde dans l'autre, puisque pour un vain bruit, tu l'as reconnu toi-même, tu abandonnes une chose impérissable.

Pétr. — Ce n'est pas un abandon, mais un atermoiement, peut-être.

Aug. — Délai plein de périls, car les jours sans sécurité passent vite, l'existence est si courte! Je désire que tu répondes à cette question : Si, par supposition, Celui qui seul a posé des bornes à la vie et à la mort, aujourd'hui te garantissait une année de vie tout entière, et que tu en eusses la certitude, comment distribuerais-tu le temps pendant cette année?

Pétr. — Assurément, j'en serais très économe, je le dépenserais avec le plus de précaution et le plus de soin possible, en occupations sérieuses. A moins d'être un extravagant, ou un dissipateur, qui ne répondrait ainsi?

Aug. — Je le veux bien ; je ne puis assez m'étonner de la folie des hommes en pareilles circonstances ; ce ne sont pas mes paroles seulement, mais toute l'éloquence de ceux qui ont étudié ce sujet qui pourraient l'expliquer. En cette matière seule les opinions et les travaux de tous fussent-ils unanimes, leur éloquence se lasserait avant d'être dans le vrai.

Pétr. — D'où vient votre étonnement?

Aug. — De ce que vous êtes très avares des choses certaines, et très prodigues des choses incertaines ; le contraire devrait arriver si vous n'étiez pas fous. Or, l'espace d'une année, quoique bien court, promis par Celui qui ne peut ni tromper, ni être trompé, pourrait être divisé en plusieurs parts ; les conseils pour le salut devant être réservés en vue des dangers extrêmes ; l'homme qui a la certitude d'une année devant lui, quoique ce soit peu de chose, dépense en ridicules vanités le temps qui peut lui rester, mais celui qui est sous la menace incessante de la mort — menace sous laquelle, mortels, vous vivez tous — ne peut compter ni sur une année, ni sur un jour, ni même sur une heure. A celui à qui un an est octroyé, s'il a déjà vécu six mois, il lui reste

encore un semestre; mais, toi, si tu as perdu une journée
qui t'assurera du lendemain? Cicéron n'a-t-il pas dit : la mort
est certaine, le jour seul est incertain, et quelque jeune que
l'on soit, on n'est jamais sûr de vivre jusqu'au soir. Je t'adjure
donc, et j'adjure tous les mortels bayant à l'avenir, sans se
soucier du présent, et vous répète après Horace : « Qui sait
« si les souverains dieux ajouteront un second jour aux
« moments de cette journée [1]? »

PÉTR. — Certes, je n'ai rien à répondre ni pour mon
propre compte, ni pour celui des autres. Mais on peut bien
espérer d'avoir une année devant soi, et il n'est personne,
quel que soit son âge, qui n'ait cet espoir; c'est l'opinion de
Cicéron.

AUG. — Oui, et ce même auteur trouve insensée une telle
espérance non pas chez les vieillards seulement, mais aussi
chez les jeunes gens eux-mêmes qui regardent comme certain
l'acte le plus incertain. Admettons, malgré l'impossibilité
absolue, qu'il te soit accordé un long et sûr espace de temps
quelle ne serait pas ta démence de gaspiller tes meilleures
années et ton plus bel âge à charmer les regards des autres
ou de leur plaire par tes chants; et de consacrer à Dieu et à
toi-même les pires et presque les derniers instants devenus
inutiles d'une vie pleine de dégoûts et prête à s'éteindre,
alors que la libération de ton âme est le dernier de tes soucis?
Ne vois-tu pas que c'est intervertir l'ordre, et faire fi des
meilleures choses?

PÉTR. — Mon assertion me semble pourtant assez raisonnable. Cette gloire à laquelle il m'est permis d'aspirer
ici-bas, ne puis-je pas la rechercher comme habitant ce monde?
Il en est une plus grande au ciel, et quand on l'a obtenue, on
ne veut pas même penser à celle de la terre. La première
préoccupation des mortels est pour les choses mortelles, c'est
dans l'ordre; après les transitoires les éternelles, on passe

[1] Hor., *Od.*, liv. IV, od. VII.

tout naturellement des unes aux autres, puisqu'on ne peut revenir aux premières.

AUG. — Homme de peu de sens, t'imagines-tu donc que toutes les voluptés du ciel et de la terre sont pour toi, et que d'un signe, tu disposeras des évènements les plus heureux? Des milliers et des milliers d'hommes ont été déçus d'une semblable espérance, et une multitude d'âmes ont été, pour cela, plongées en enfer, pensant qu'ils pouvaient avoir un pied sur la terre et l'autre dans le ciel, incapables qu'ils étaient ni de se maintenir ici-bas, ni de monter là-haut; aussi sont-ils tombés misérablement, le souffle vital ayant disparu, soit à la fleur de leur âge, soit au milieu des projets. Et toi tu ne songes pas que ce qui est arrivé à tant d'autres puisse t'arriver à toi-même. Hélas! si cependant, par hasard, Dieu te préserve de cette calamité! tu venais à succomber, en proie aux agissements sans nombre qui t'absorbent, quels chagrins, quelle honte et quels regrets tardifs, si, distrait sur divers points, tu échouais sur chacun d'eux?

PÉTR. — « Que le ciel, par pitié, m'épargne un pareil sort. »

AUG. — La miséricorde divine te sauvera, quoiqu'elle n'excuse pas la sottise humaine. Je ne voudrais pas que tu eusses trop de confiance en elle; si Dieu déteste ceux qui désespèrent, il se rit de ceux qui espèrent inconsidérément. Je suis fâché de t'avoir entendu traiter de vieille fable digne de mépris, et admise par des philosophes, la description géométrique de l'exiguité de la terre entière, affirmant qu'elle n'est qu'une île d'une certaine longueur. Est-ce une fable de croire que la terre est divisée en cinq zônes dont celle du milieu la plus vaste est brûlée des feux du Soleil; les deux autres, celle de droite et celle de gauche soumises à un froid rigoureux et à des glaces perpétuelles, et inhabitables; il n'y a d'habité que les deux zônes intermédiaires? ou bien encore cette division en deux parties de la terre habitable, dont l'une placée sous vos pieds (antipodes) est inaccessible à vous autres hommes, défendue par un océan immense? Tu n'ignores pas les controverses suscitées autrefois entre les auteurs les plus accrédités, à savoir si l'une et l'autre région était habitée. J'ai dit ce que j'en pensais dans mon livre de la *Cité de Dieu* que tu as dû lire. Il vous reste donc l'une de ces deux parties tout entière habitable, et que, suivant quelques cosmographes, on a subdivisée en deux; l'une a été laissée à votre disposition; l'autre circonscrite par l'océan septentrional, est impénétrable, et constitue les antipodes, sur l'existence de laquelle les hommes les plus savants de l'antiquité ont, comme tu sais, discuté contradictoirement. Quant à la partie habitable qui vous reste tout entière, quelque étendue qu'elle soit, elle se trouve diminuée par la mer, les marais et les déserts, et réduite ainsi à une minime surface, coin de terre dont vous êtes si enorgueillis. Est-ce une erreur de prétendre que ce petit monde que vous habitez diffère de mœurs, de manière de vivre, d'habitudes, de religions hostiles, de langages divers et que par toutes ces causes votre nom perd la chance de se propager au loin? Mais tout cela n'est pour toi que des fables et tout ce que j'attendais de toi n'est que fables; je me figurais pourtant que personne mieux que toi ne devais connaître ces choses-là. Sans parler de la doctrine de Cicéron et de Virgile à cet égard, aussi bien que des autres systèmes physiques et poétiques dont tu semblais avoir une notion parfaite, je savais que récemment tu avais, dans ton poème *Africa*, décrit en vers remarquables cette théorie : « Le monde resserré « en des bornes étroites, n'est qu'une petite île qu'entoure « l'Océan de ses nombreux circuits. »

Puis, tu émettais encore quelques vérités, et si tu ne les admettais pas comme telles, je m'étonne que tu les aies constamment soutenues.

Que dirai-je maintenant de la renommée si précaire des mortels, et des obstacles qu'y apporte le temps? Car, tu sais que la plus longue mémoire, comparée à l'éternité, combien elle est courte, combien elle est éphémère. Je ne veux pas te parler, d'après les Anciens, des fréquents incendies de maisons, des inondations, consignés au Timée de Platon, et au sixième livre de la République de Cicéron. Ces faits quelque probables qu'ils paraissent à beaucoup d'esprits, sont néanmoins en désaccord avec les vérités de la religion que tu professes. Indépendamment de ces faits, combien en est-il qui jouissent, je ne dis pas de l'éternité, mais d'une certaine durée?

En premier lieu, la mort de ces hommes qui, une fois arrivés au terme de leur carrière, sont voués à l'oubli, malheur attaché naturellement à la vieillesse ; puis, les louanges sans cesse propagées, qu'on accorde aux personnages nouveaux qui, dans leur état florissant, effacent toujours un peu les titres de leurs aînés, s'imaginant s'élever d'autant plus haut que leurs prédécesseurs sont dépréciés davantage ; et l'envie, qui poursuit sans relâche les morts illustres ; et la haine de la vérité, et l'horreur de la plèbe pour les hommes de génie ; notez encore l'inconstance des jugements du vulgaire ; la destruction des tombeaux, « qu'un méprisable et stérile figuier « renverse [1]. » C'est ce que dans ton *Africa* tu appelles, non sans élégance, une seconde mort. Je vais te citer les propres expressions que tu mets dans la bouche d'un de tes héros : « Bientôt s'écroulera ton cénotaphe, et l'inscription « gravée sur le marbre s'effacera, alors, mon fils, tu subiras « une seconde mort [2]. » Voilà la gloire éclatante, immortelle que le bris d'une pierre anéantit. Comptez enfin, la perte des livres qui portent votre nom, inscrit par vous ou par d'autres ; quoique cette perte vous semble moins prochaine, que les livres ont plus de vitalité, et durent plus que les tombeaux, cependant leur disparition est inévitable, par suite d'accidents nombreux, fortuits ou naturels. Les livres, comme tout le reste, y sont sujets, et si, par hasard, ils échappaient à ces épreuves, ils subiraient quand même la mort par vétusté. Tout ce qu'enfante le labeur du faible esprit des mortels est

[1] Juvénal, sat. X, v. 145.
[2] *Africa*, lib. II, v. 431, 432.

nécessairement voué à la destruction [1]. Pour te convaincre
de ta puérile erreur, j'ai voulu surtout citer tes propres
paroles. Ne me lasserai-je donc point de rappeler ces vers de
ton épopée : « Tes livres morts, toi-même tu succomberas
« aussi, alors tu auras subi une troisième mort. » Je te livre
mon opinion sur la gloire, plus explicitement sans doute que
nous l'eussions dû l'un et l'autre, moins, cependant, que la
matière ne le comporte; sauf pourtant que tu prennes tout
cela pour des fables.

PÉTR. — Pas le moins du monde; mon esprit se refuse à
voir là des fables. Bien mieux, je me sens inspiré d'un nouveau désir de renoncer à mes idées d'autrefois; quoique
depuis longtemps, la plupart de ces choses me fussent connues, et souvent d'en avoir entendu parler, car, comme dit
notre Térence : « On ne peut rien dire qui n'ait été dit déjà. »
Cependant, le choix des expressions, l'ordre du discours,
l'autorité de l'orateur, ont une grande valeur. Au reste, je
voudrais bien sur ce sujet connaître votre opinion définitive.
Exigez-vous, abandonnant toutes mes études, que je vive sans
gloire? Ou bien, avez-vous quelque conseil intermédiaire à
me donner?

AUG. — Que tu vives sans gloire je ne te le conseillerai
jamais, je t'engagerai instamment à préférer le culte de la
vertu à celui de la gloire, qui, tu le sais, n'est, pour ainsi dire,
que l'ombre de la vertu. De même que votre corps, quand
brille le soleil, projette nécessairement une ombre, de même
aussi, quand Dieu l'illumine, la vertu produit de toute nécessité la gloire. Quiconque, en conséquence, a conquis la véritable gloire, a dû forcément s'emparer de la vertu, qui,
venant à manquer, laisse la vie des hommes dénuée de tout,
et tout à fait semblable à celle de beaucoup d'animaux, sollicitée à ne suivre que l'instinct qui est la seule passion de la
brute. Voici donc la loi que tu devras suivre : cultive la vertu,

---

[1] *Africa*, lib. II, v. 455, 457.

néglige la gloire; et cependant, moins tu la rechercheras, plus tu l'obtiendras, c'est ce qui est arrivé à Caton, d'après l'histoire. Je ne puis encore m'empêcher d'en appeler à ton propre témoignage : « Malgré toi tu la fuiras, et elle te suivra « malgré toi [1]. »

Ne reconnais-tu pas cet hexamètre? Il t'appartient.

N'est-ce pas le fait d'un insensé, d'aller en plein soleil, en se donnant un mal inimaginable, voir son ombre, et la faire voir aux autres? Eh bien! il serait non moins fou, celui qui au milieu des ardeurs de la vie s'évertuerait péniblement à propager au loin sa gloire. Eh quoi donc! que l'un marche pour atteindre son but, son ombre suivra ses pas; que l'autre reste tranquille pour embrasser la vertu, la gloire ne trahira pas ses efforts, c'est qu'elle est la compagne de la véritable vertu. Mais cette gloire acquise par les œuvres manuelles ou de l'intelligence, et que l'humaine curiosité a multipliées à l'infini, n'est pas digne du nom de gloire. Ainsi, toi, qui, dans ce moment surtout t'exténues à composer des livres, permets-moi de te le dire, tu vis dans une grande illusion. Oublieux de ce qui te regarde, tu ne t'occupes absolument que des autres ; de sorte que dans la vaine espérance de la gloire, tu dépenses ce très court espace de temps, ta vie, sans en avoir conscience.

Pétr. — Que faire donc? Faut-il abandonner mes travaux? vaut-il mieux en hâter l'achèvement, ou, s'il plaît à Dieu, y mettre la dernière main? Débarrassé alors de tout soin, je serai mieux disposé à m'occuper de choses plus importantes; cependant, il me serait pénible de laisser inachevé un grand et dispendieux ouvrage.

Aug. — Je vois de quel pied tu cloches; tu préfères t'abandonner toi-même plutôt que tes livres. Pour moi, je ferai mon devoir, sinon avec succès, du moins avec fidélité,

[1] Illa vel invitum, fugias licet, illa sequetur.
(*Africa*, l. II, v. 286.)

tu en jugeras. Laisse de côté ce fatras d'histoires, les faits et gestes des Romains sont assez connus, soit par la renommée, soit par des écrivains de génie qui les ont illustrés. Quitte l'Afrique et qu'elle reste aux mains de ses possesseurs. Tu n'ajouteras rien à la gloire de ton Scipion, non plus qu'à la tienne; rien ne peut plus exalter ce héros, en vain chercherais-tu à le suivre par un sentier détourné. Ceci admis, reprends possession de toi-même, et revenons à notre point de départ.

Songe à la mort, dont chaque moment te rapproche sans que tu t'en aperçoives; les voiles tombés, les ténèbres dissipées, fixe les yeux sur elle. Fais en sorte que ni un jour ni une nuit ne se passent, sans te remémorer l'instant suprême, rapporte à cette pensée tout ce qui frappera tes regards ou ton esprit. Le ciel, la terre, la mer subissent des changements, et l'homme le plus fragile des animaux que peut-il espérer? Le temps, par ses vicissitudes, a des tours et des retours qui ne s'interrompent jamais. Si tu t'imagines être immuable, tu te trompes. Et, comme le dit élégamment Horace : « ..... du moins, la lune, dans sa course rapide, « retrouve dans les cieux son renouvellement; pour nous « quand nous sommes descendus, etc. » Combien de fois n'as-tu pas vu aux fleurs printanières succéder les moissons estivales, remplacées par la salutaire température automnale et les vendanges par la neige hivernale? Oui, dis-tu, elles passent, mais pour revenir successivement, et moi, je m'en vais pour ne jamais revenir. Toutes les fois, qu'au coucher du soleil tu verras croître l'ombre des montagnes, dis-toi : la vie s'enfuit, l'ombre de la mort grandit. Et cependant demain ce même soleil reparaîtra, et pour moi ce jour aura fui irrévocablement. Qui énumérera les magnificences du spectacle d'une nuit sereine, moment si propice aux malfaiteurs, et si favorable aux honnêtes gens? En conséquence, tu ne navigueras pas avec moins de sécurité que le pilote de la flotte troyenne et avec plus de dangers au milieu des flots : « se levant à

« minuit, il observe les astres qu'il connaît tous, s'abaissant
« dans le silence des cieux. » Lorsque tu les vois incliner vers
l'occident, apprends qu'ils t'entraînent avec eux, et sans
espoir de rester, si ce n'est en Celui qui demeure immuable
et ne connaît pas de déclin. Pendant leur cours, les personnes que, naguère, tu avais vues enfants, gravissant les
degrés des âges, qu'ils te rappellent alors que tu descends
l'autre versant de la vie, et d'autant plus rapidement que
c'est par une loi de la nature, la chute des corps graves. En
voyant de vieilles constructions, songe d'abord à ceux qui
les ont élevées, où sont-ils? Si tu regardes des bâtiments
nouveaux, pense aux manœuvres qui les ont édifiés, bientôt
où seront-ils? De même pour les arbres, ceux qui les ont
cultivés ou plantés ne récoltent pas toujours les fruits sus-
pendus à leurs branches. Ce vers des *Géorgiques* a été cité
souvent : « l'ombre ne viendra qu'à la longue pour vos arrière-
« neveux. » Les fleuves coulent rapides sous nos yeux. Sans
recourir à des textes étrangers, je rappellerai volontiers un
vers de ton *Africa* : « Nul fleuve, dans sa course, ne coule
« plus rapide que le temps de la vie. » Ne te retranche pas
derrière le grand nombre de tes jours, et la fatigante division
des âges, l'existence tout entière de l'homme quelque longue
qu'elle soit, ne dure pour ainsi dire qu'un jour, et encore à
peine jusqu'au bout. Rappelle-toi souvent cette comparaison
due à Aristote, j'ai remarqué qu'elle te plaisait beaucoup ; on
ne la lit pas, on ne l'écoute pas, sans une profonde émotion ;
tu la trouveras relatée éloquemment et bien faite pour persuader, au livre des *Tusculanes* de Cicéron, à peu près en
ces termes : cet ouvrage est aujourd'hui assez rare. « Sur les
« bords du fleuve Hypanis, dit-il, qui, du côté de l'Europe
« se jette dans le Pont-Euxin, il naît de petits animaux qui
« ne vivent qu'un jour. Ceux qui meurent au lever du soleil.
« succombent en pleine jeunesse, les autres à midi sont déjà
« adultes, au coucher de cet astre, ce sont déjà des vieillards,
« surtout à l'époque du solstice. Comparez notre âge le plus

« avancé avec l'éternité, nous le trouverons presque aussi
« court que celui de ces animalcules. » Voilà ce qu'il dit.
Cette assertion est si vraie, suivant moi, que déjà depuis
longtemps, de la bouche des philosophes elle est tombée dans
le domaine public. N'entends-tu pas même les gens grossiers,
sans éducation, dans leur langage ordinaire, quand ils voient
un enfant, dire, pour celui-ci le soleil est à son lever; lorsque
c'est un homme fait, celui-là est à son midi, cet autre est à
nonne et quand c'est un vieillard décrépit, il est arrivé,
disent-ils, au soir de la vie, son soleil est couché.

Que ce soit là, mon très cher fils, le sujet de tes méditations; et si des pensées de même ordre se présentent à ton
esprit, et elles ne manqueront pas, j'en suis certain, elles s'of-
friront à toi à l'improviste.

Je veux en outre te prier d'une chose ; considère avec attention les tombeaux de tes contemporains, tes aînés, et sois sûr
que pareille demeure t'attend, qu'un semblable palais t'est
préparé pour toujours. C'est là que nous tendons tous ; c'est
notre dernière habitation. Et, toi, qui, arrivé à l'apogée de ta
florissante jeunesse, t'en montres si fier, tu foules aux pieds
les autres, bientôt tu seras foulé toi-même. Pense et réfléchis
à cela et les jours et les nuits, non pas seulement comme un
homme rangé, et qui connaît sa nature, mais comme il convient à un philosophe. Tu dois comprendre cette inscription :
« Toute la vie des philosophes n'est que la recommandation
« de la mort. » Cette pensée t'apprendra à mépriser les
œuvres mondaines, et t'indiquera le genre de vie à suivre.

Tu me demanderas peut-être dans quelle voie ou dans quels
sentiers il te faudra t'engager. Je te répondrai que tu ne
manques pas d'avertissements de longue date. Ecoute sans
cesse l'esprit qui t'appelle, t'encourage et te dit : voici le
chemin de la patrie. Tu sais ce qu'il te conseillera, quelles
voies tu dois suivre, quels détours il te faut éviter; tu lui
obéiras si tu veux être sauf et libre. Il n'est besoin de tant
délibérer, la nature veut des actes, un dangereux ennemi te

menace par derrière, il t'assaille en face, les murailles où tu
es assiégé, tremblent ; il n'y a pas à hésiter plus longtemps.
A quoi te sert de chanter agréablement pour les autres, si
tu ne t'écoutes pas toi-même ?

Je m'arrête ; fuis les écueils, mets-toi en sûreté, suis les
impulsions de ton âme qui, enlaidie pour le reste, s'embellit
par la vertu.

Pétr. — Plût au ciel que vous m'eussiez tenu un pareil
langage dès le principe avant de me livrer à ces études.

Aug. — Je te l'ai tenu souvent, et dès le moment où je
t'ai vu prendre la plume, je t'ai prévenu que la vie était
courte et incertaine, que le labeur était long et certain,
l'œuvre énorme, et le fruit de peu de valeur. Mais la voix du
monde avait oblitéré tes oreilles, cette voix, qu'à ma grande
surprise, tu hais et tu recherches tout à la fois. Au reste c'est
assez discuter. Si, dans le cours de notre entretien, j'ai dit
quelque chose qui a pu te plaire, ne te laisse pas décourager
par le dégoût et l'inertie ; si j'ai été quelque peu sévère, n'en
sois pas trop affecté.

Pétr. — Je vous rends mille grâces de tout ce que vous
avez fait pour moi, et pour ce colloque de trois jours qui m'a
dessillé les yeux, et a dissipé les ténèbres de mes erreurs.
Mais quels remerciements ne dois-je pas à cette Dame (la
Vérité), que notre longue conversation n'a pas ennuyée, et
qui nous a écoutés jusqu'à la fin ? Si elle avait détourné de
nous ses regards, nous aurions divagué dans les ténèbres ;
vos paroles n'auraient eu aucune autorité, et mon esprit s'y
serait montré réfractaire.

Maintenant, puisque votre séjour est au ciel, et que mon
exil sur la terre n'a pas encore pris fin, combien durera-t-il
encore, je ne sais, j'en suis tout préoccupé, comme vous
voyez, je vous conjure, malgré la distance immense, de ne
pas m'abandonner. Sans vous, ô père excellent, ma vie est
sans charme, sans *Elle*, elle ne serait plus rien.

Aug. — Tu seras satisfait, sois-en sûr, pourvu que tu ne

t'abandonnes pas toi-même, autrement, tout le monde, avec raison te délaisserait.

Pétr. — J'y ferai mon possible, je rassemblerai les facultés éparses de mon âme; je me recueillerai avec confiance, et, certes, pendant que nous causons, quoique de nombreuses et importantes occupations mondaines m'attendent.

Aug. — Il me semble qu'il y a des choses de plus grande importance que les affaires humaines, rien assurément n'est plus utile, n'est plus avantageux que d'y songer. Penser à toute autre peut être superflu, les idées salutaires sont toujours de nécessité, comme le prouve l'inévitable conséquence.

Pétr. — Je suis de votre avis; aussi, désormais, pour ce motif, je ne m'occuperai avec tant d'ardeur de mes travaux, qui, une fois achevés, me laisseront libre pour la seule urgente; sachant bien, ainsi que vous me le disiez tout à l'heure, qu'il serait infiniment plus sûr pour moi de m'adonner successivement à cette pratique, et, quittant les sentiers détournés, de suivre le droit chemin du salut. Mais, il est un plaisir que je ne puis refréner.

Aug. — Nous retombons dans nos errements passés, tu appelles impuissance, la volonté, eh bien! soit, puisqu'il ne peut en être autrement. Je prie et supplie Dieu que, dans ta marche, il nous permette de t'accompagner, et de diriger en lieu sûr tes pas errants.

Pétr. — Plaise à Dieu que vos vœux se réalisent, et qu'avec l'assistance du Très-Haut, je sorte sain et sauf de tant de détours, et qu'en suivant Celui qui m'appelle, je ne me jette pas moi-même de la poussière dans les yeux, que les agitations du cœur se calment, que le monde garde le silence, et que la fortune me laisse en repos.

FIN

Angers, Imprimerie P. Lachèse et Dolbeau, rue Chaussée Saint-Pierre, 4

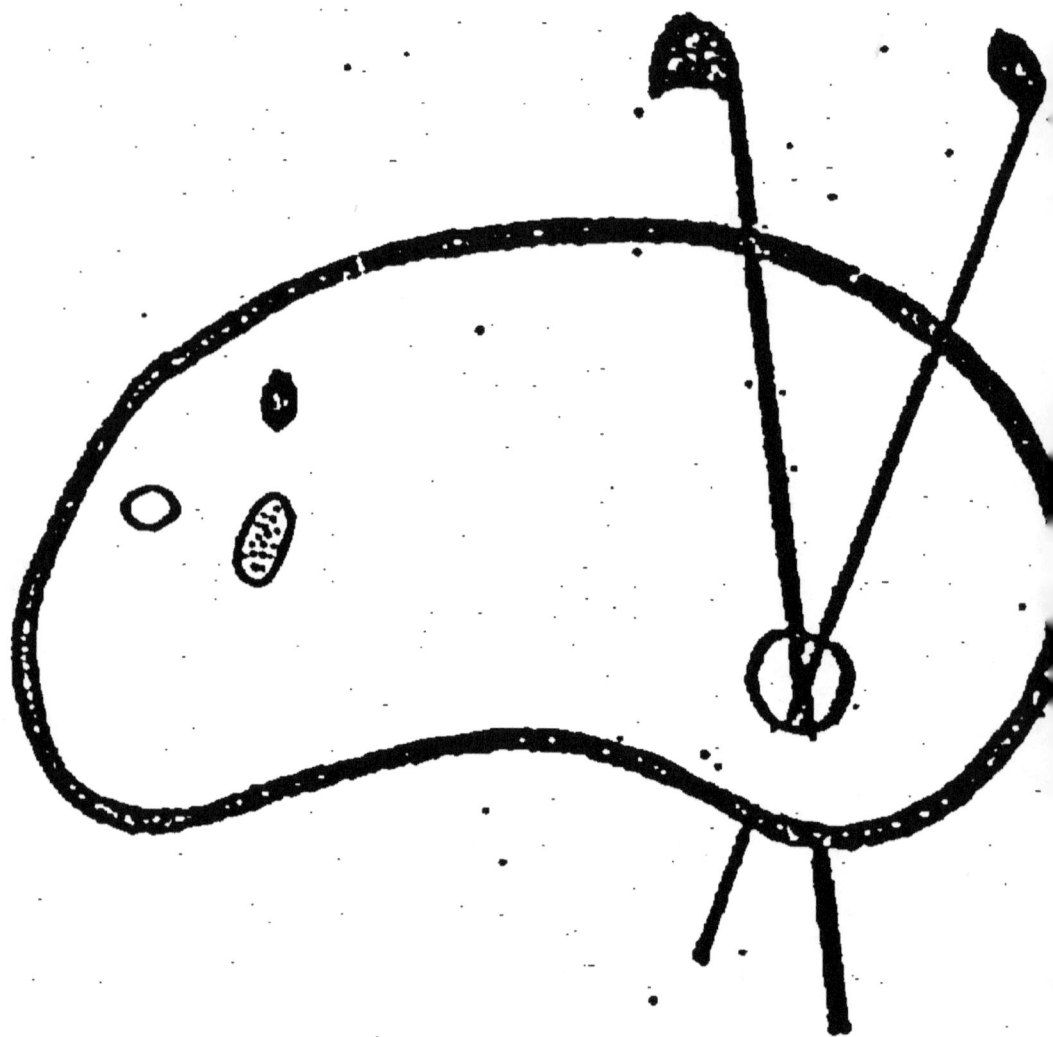

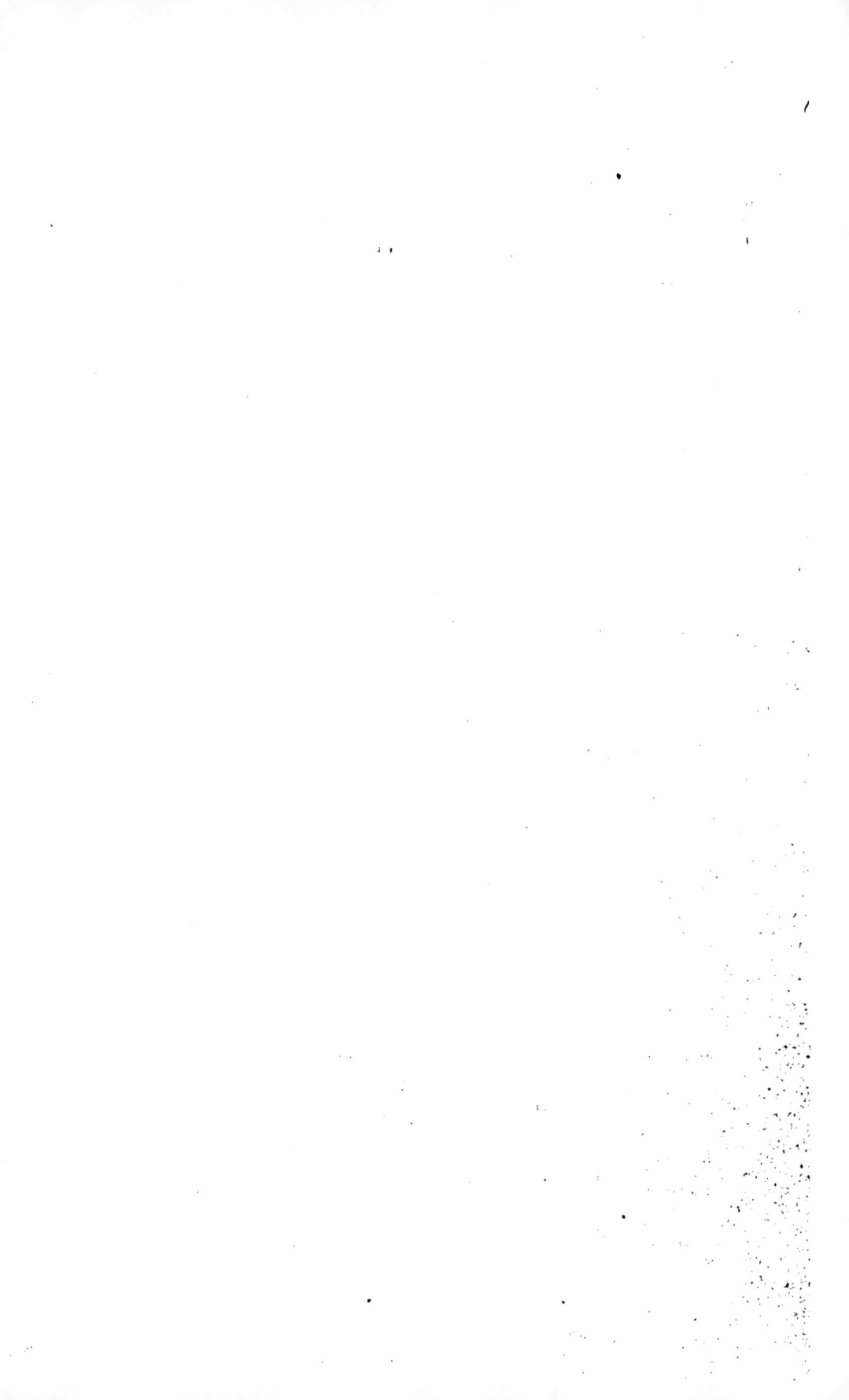

www.ingramcontent.com/pod-product-compliance
Lightning Source LLC
Chambersburg PA
CBHW072119090426
42739CB00012B/3020